XXXIII

[illegible]

[illegible]

[illegible]

[illegible]

[illegible]

vom [illegible] 18[illegible]

[illegible]

Walter de Gruyter & Co.

[illegible]

# Sammlung
# Außerdeutscher Strafgesetzbücher

Herausgegeben

von

**Professor Dr. Adolf Schönke**

Institut für ausländisches und internationales Strafrecht

Universität Freiburg/Br.

LVI.

## Jugoslawisches Strafgesetzbuch
## vom 2. März 1951

Berlin 1952

**Walter de Gruyter & Co.**

vormals G. J. Göschen'sche Verlagshandlung — J. Guttentag, Verlagsbuchhandlung —

Georg Reimer — Karl J. Trübner — Veit & Comp.

# Das Jugoslawische Strafgesetzbuch

## vom 2. März 1951

**In deutscher Übertragung mit einer Einführung**

**von**

**Dr. August Munda**

**Professor der Rechte an der Universität Ljubljana**

**Gedruckt mit Unterstützung der Gesellschaft für Rechtsvergleichung**

**Berlin 1952**

**Walter de Gruyter & Co.**

**vormals G. J. Göschen'sche Verlagshandlung — J. Guttentag, Verlagsbuchhandlung — Georg Reimer — Karl Trübner — Veit & Comp.**

Archiv-Nr. 246352/56
Satz und Druck: Buchkunst, Berlin W 35

# Inhaltsverzeichnis

# Abkürzungen

| | |
|---|---|
| FVRJ: | Föderative Volksrepublik Jugoslawien. |
| BV: | Bundesverfassung. |
| BAB: | Bundesamtsblatt. |
| Exp: | Exposé des Justizministers zum StG.Entwurf. |
| StGB: | Strafgesetzbuch. |
| StPG: | Strafprozeßgesetz. |
| Off.Kom: | Offizieller Kommentar zum StGB allg. Teil vom Jahre 1947. |
| Mot: | Motivenbericht zum StGEntwurf. |
| Frank: | Dr. Stanko Frank, Strafrecht, Zagreb 1951 (kroatisch). |
| Mj | = Minderjährige. |
| str.Gf | = strenges Gefängnis. |
| J | = Jahr. |
| Vdg | = Verordnung. |

# Einführung

## I. Entstehungsgeschichte des jugoslawischen StGB.

Zur Zeit der Gründung Jugoslawiens (1918) bestanden daselbst sechs verschiedene Rechtsgebiete und Strafgesetzbücher. Ein einheitliches jugosl. StGB wurde 1929 erlassen. Die Grundlagen für die neue Strafgesetzgebung in der FVRJ wurden schon während des Befreiungskampfes (1941—1945) geschaffen: „Durch den Erlaß des antifaschistischen Rates der nationalen Befreiung" (oberstes revolutionäres Staatsorgan) vom 3. Februar 1945 (BAB vom 13. Februar 1946, Z. 86) wurden alle Rechtsvorschriften des alten Jugoslawien, die zur Zeit des Kriegsbeginnes (6. April 1941) in Geltung waren, außer Kraft gesetzt; sie durften nur auf Grund dieses Erlasses als Rechtsgrundsätze in Anwendung gebracht werden, insoweit sie mit den neuen Vorschriften und Rechtsanschauungen nicht im Widerspruch standen. Grundsätzliche Bestimmungen über die Strafgesetzgebung enthielt schon die BV (1946). Schon im Jahre 1945 wurden grundlegende Gesetze zum Schutze der neuen politischen und wirtschaftlichen Ordnung erlassen. Diese Gesetze bildeten den Grundstock für einen besonderen Teil des neuen StGB. Das wichtigste Glied im Ausbau der damaligen Strafgesetzgebung aber war das Gesetz vom allgemeinen Teil des StGB vom 4. Dezember 1947 (BAB vom 13. Dez. 1947, Z. 106). Die wichtigsten Bestimmungen dieses Gesetzes waren: die materielle Konzeption der strafbaren Handlung (soziale Gefährlichkeit) und der Strafzweck. Eine Bestimmung über Gesetzesanalogie ist für die damaligen Rechtsverhältnisse begreiflich, weil das System der strafrechtlichen Vorschriften noch nicht ausgebaut war. In dieser Zeit wurden auch zahlreiche strafrechtliche Nebengesetze erlassen, die später fast ausnahmslos in das neue StGB eingebaut worden sind. Das Ergebnis dieser Gesetzgebungstätigkeit war der Endentwurf eines StGB, der am 2. März 1951 (BAB vom 9. März, Z. 13) zum Gesetze erhoben wurde.

## II. Die grundlegenden Bestimmungen des StGB.

Die leitenden Bestimmungen des StGB vom 2. März 1951 sind sein Klassencharakter (Art. 1), die materielle Konzeption der strafb. Handlung (Art. 4), das Legalitätsprinzip (Art. 2) und der Strafzweck (Art. 3).

Der Klassencharakter des StGB äußert sich einerseits in der strengen Repression kontrarevolutionärer Handlungen (X. Hauptstück), andererseits in der Erleichterung der Reklassierung solcher

Verbrecher, die ihre feindselige Einstellung gegen die neue Staats- und Wirtschaftsordnung aufgegeben haben. Solchen Verbrechern wird die Wiedereinreihung in die Volksgemeinschaft durch verschiedene gesetzliche Bestimmungen erleichtert (Mot. 8). Ein Mittel hierzu sind z. B. die weitgehenden Bestimmungen über die bedingte Entlassung. Die Rechtsordnung, die im StGB geschützt wird, ist „die Rechtsordnung, die der derzeitigen Etappe des sozialistischen Ausbaues entspricht" (Exp. 27). So werden z. B. im Hauptstück „Volk und Staat" als Schutzobjekte angeführt: „Die Gewalt des arbeitenden Volkes, die ökonomische Grundlage des sozialistischen Aufbaues, die Einheit und Gleichberechtigung der Nationen und die föderative Organisation des Staates" (Art. 100).

Der Begriff der strafb. Handlung ist auf einer „objektiv-subjektiven Konzeption" (Mot. 25) aufgebaut. Sie ist „eine Erscheinung, die durch die k o n k r e t e n sozialpolitischen Verhältnisse im Staate bedingt ist" (Off.Kom. 22). Sozialgefährlich aber sind „solche soziale Erscheinungen, die in der Dynamik des sozialen Lebens entstehen". Jedoch nicht jede sozialgefährliche Handlung ist zugleich eine strafbare Handlung, sondern nur eine solche, die im Gesetz a u s d r ü c k l i c h als strafbare Handlung erklärt ist. Das Prinzip der sozialen Gefährlichkeit ist (Art. 4, Abs. 1) mit dem Prinzip der Gesetzlichkeit verbunden. Die strafbare Handlung ist demnach nicht eine formelle Verletzung des Gesetzes, sondern eine k o n k r e t sozialgefährliche Tat. Es kann nämlich vorkommen, daß eine Tat zwar alle Tatbestandsmerkmale einer bestimmten strafb. Handlung aufweist, aber trotzdem keine strafb. Handlung begründet, weil sie „infolge ihrer geringen Bedeutung und Geringfügigkeit oder wegen Abhandenseins schädlicher Folgen für die Gesellschaft eine unerhebliche soziale Gefahr bedeutet" (Art. 4, Abs. 2). Die praktische Bedeutung des Kriteriums der sozialen Gefährlichkeit zeigt sich z. B. in der Abgrenzung krimineller Handlungen von Verwaltungs- und Disziplinardelikten.

Das Gesetz kennt nur eine Kategorie strafbarer Handlungen, weil die Strafart nach der dargestellten Konzeption der strafb. Handlung kein geeignetes Kriterium für die Abgrenzung verschiedener Kategorien strafbarer Handlungen bedeutet (Mot. 33).

In der Bestimmung des Strafzweckes (Art. 3) äußert sich die staatliche Kriminalpolitik. Die Gerichte sind ein „Werkzeug der Erziehung und Disziplin". Hierin liegt die zweifache Aufgabe der sozialistischen Strafe: der Kampf gegen die sozialgefährliche kriminelle Tätigkeit und die Erziehung. Die Strafe vereinigt somit die Ziele der Repression, General- und Spezialprävention, Besserung und Erziehung, nicht aber der Vergeltung (Off.Kom. 18). Ist der Strafzweck erreicht, so entfällt der Grund zur weiteren Anhaltung des Verurteilten in der Anstalt. Daher die Bestimmung von der vorzeitigen bedingten Entlassung (vor Verbüßung der Hälfte der Strafzeit — Art. 56, Abs. 2).

Eine Bestimmung über Widerrechtlichkeit und Kausalzusammenhang wurde in das Gesetz nicht aufgenommen. Die Widerrechtlichkeit ist „der rechtliche Ausdruck der Sozialgefährlichkeit der strafb. Handlung". Ein Kausalzusammenhang besteht, wenn „die Handlung oder das Unterlassen eines bestimmten Menschen eine der unumgänglichen Bedingungen für den Eintritt des konkreten sozialgefährlichen (verbotenen) Erfolges bedeutet" (Off. Kom. 51). „Der Willensakt ist eine Ursache, wenn er eine Bedingung bedeutet, ohne welche der Erfolg nicht eingetreten wäre" (Frank 41).

Eine Besonderheit bildet die Erweiterung der Bestimmungen über die actio libera in causa (Art. 6, Abs. 3). Die Bestimmung hat praktische Bedeutung, z. B. für Chauffeure, Lokomotivführer u. dgl. (Verantwortlichkeit für kulpose Begehung).

Das Gesetz unterscheidet drei Altersstufen: 1. Kinder bis zum 14. Lebensjahr; diese stehen außerhalb gerichtlicher Jurisdiktion; 2. jüngere Minderjährige vom 14. bis 16. Lebensjahr und 3. ältere Minderjährige vom 16. bis 18. Lebensjahr (Beginn der Volljährigkeit). Gegen jüngere Mj. findet grundsätzlich eine Bestrafung nur wegen solcher strafb. Handlungen statt, die mit strengem Gefängnis (str.Gf) über 10 J. bedroht sind (Art. 67); wegen aller übrigen strafb. Handlungen dürfen gegen sie nur Erziehungs-Besserungsmaßnahmen (Verweis und Abgabe in ein Erziehungs-Besserungsheim auf die Dauer vom 1. bis 5. J. — Art. 68) in Anwendung gebracht werden. Bei älteren Mj. bildet die Bestrafung die Regel; bei leichteren strafb. Handlungen (str.Gf. unter 5 Jahren) kann aber das Gericht die Abgabe in ein Erziehungs-Besserungsheim anordnen (Art. 71); Strafbemessung für Mj.: keine Todesstrafe, besondere Strafmaßnahmen (Art. 72), Strafvollzug in besonderen Strafbesserungsheimen; die Bewährungsfristen für die Rehabilitation sind um die Hälfte gekürzt (Art. 76). Gegen einen strafrechtlich nicht verantwortlichen Mj. (14 bis 18 J.) sind zwei Erziehungs-Besserungsmaßnahmen zulässig: die Übergabe an seine Eltern oder den Vormund behufs erhöhter Aufsicht bzw. Schulung und die Übergabe in eine Erziehungsanstalt (Art. 65) auf die Dauer von 1 bis 3 Jahren.

Für das intellektuelle Moment der beiden Schuldformen (Vorsatz und Fahrlässigkeit) gebraucht das Gesetz den Ausdruck „sich bewußtsein", nicht „Wissen", weil „dieser Ausdruck in einer Bedeutung enger ist" (Mot. 52). Das Bewußtsein der Rechtswidrigkeit gehört nicht zum Vorsatz; wenn der Täter aus entschuldbaren Gründen nicht gewußt hat, daß die Tat verboten ist, kann Gericht das jedoch milder bestrafen oder von Bestrafung absehen (Art. 10).

Im Falle der Notwehrüberschreitung infolge starker Aufregung oder Bestürzung gestattet das Gesetz Strafmilderung oder Absehen von Bestrafung (Art. 11), eine Kollision gleichwertiger Interessen gibt kein Recht zur Notstandshandlung (Art. 12).

Vorbereitungshandlungen sind nur im besonderen Teile kriminalisiert, der Versuchsbegriff ist nach der objektiven Theorie formuliert (Art. 16) und grundsätzlich nur bei schweren Delikten (str.Gf über 5 J.) strafbar; fakultative Strafmilderung; beim absolut untauglichen Versuch Strafmilderung nach freiem Ermessen (Art. 17); beim freiwilligen Rücktritt vom beendigten oder unbeendigten Versuch aber fakultatives Absehen von Bestrafung (Art. 18).

Die Teilnahme ist auf der Grundlage der begrenzten Akzessorietät aufgebaut (Mot. 102). Die erfolglose oder mißlungene Anstiftung ist nur bei schweren Delikten (str.Gf über 5 J.) strafbar (Art. 19, Abs. 2); die Beihilfe ist akzessorisch und fakultativ milder strafbar. Teilnehmer sind innerhalb der Grenzen ihres Vorsatzes strafrechtlich verantwortlich. Bezüglich persönlicher Eigenschaften, Verhältnisse und Umstände gilt keine Akzessorietät, wohl aber für Umstände, die die Strafbarkeit begründen. Eine Sonderbestimmung gilt für das Organisieren verbrecherischer Banden (Art. 23) (Teilnahme sui generis).

Hauptstrafen sind: die Todesstrafe, strenges Gefängnis (6 Monate bis zu 20 J.), Gefängnis (3 Tage bis zu 5 J.); Nebenstrafen: die Schmälerung bürgerlicher Rechte (Art. 31), das Verbot der Ausübung eines bestimmten Berufes (Art. 35) und die Vermögenskonfiskation (Art. 36). Die Geldstrafe ist Haupt- und Nebenstrafe. Das lebenslängliche strGf ist keine Strafart, sondern ein Ausnahmestrafe als Ersatz für die Todesstrafe. Diese ist in keinem Falle absolut angedroht (Art. 27).

Der Rückfall (Art. 40) ist lediglich ein oblig. Erschwerungsumstand, er gibt keine Möglichkeit, den Strafrahmen zu überschreiten. Eine Strafmilderung nach freiem Ermessen ist nur beim absolut untauglichen Versuch vorgesehen (Art. 17), ein Absehen vor Bestrafung nur in den im Gesetze ausdrücklich erwähnten Fällen zulässig (Art. 44). Die Untersuchungshaft wird in die Strafe obligatorisch eingerechnet (Art. 45). Beim Zusammentreffen strafb. Handlungen macht das Gesetz keinen Unterschied zwischen Ideal- und Realkonkurrenz; als Grundprinzip für die Strafbemessung gilt das Asperationsprinzip (Freiheitsstrafen); das Absorptionsprinzip gilt für die Todesstrafe und Vermögenskonfiskation, das Kumulationsprinzip für die Geldstrafe und Nebenstrafen (Art. 46).

Ist die Bewährungsfrist (1 bis 5 Jahre) bei der bedingten Verurteilung verstrichen und die bedingte Verurteilung nicht widerrufen, so gilt der Täter als nicht verurteilt (Art. 50). Die bedingte Entlassung ist grundsätzlich nach Ablauf der Hälfte der Strafzeit, aber auch schon früher zulässig (Art. 56). Alle Strafen außer der Geldstrafe werden auf Staatskosten vollzogen (Art. 60).

Sicherungsmaßnahmen sind: 1. die Abgabe in eine Anstalt für Geisteskranke (Art. 61), 2. die Entziehung von Gegenständen (Art. 62) und 3. die Landesverweisung von Ausländern (Art. 63). Sicherungsmaßnahmen, die die Strafzeit verlängern, wurden in das Gesetz absichtlich nicht aufgenommen (Exp. 20).

Als Erlöschensarten der Strafe erwähnt das Gesetz die Verjährung, Amnestie (Art. 84), bzw. Begnadigung (zwischen beiden besteht nur ein formeller Unterschied) und die gesetzliche bzw. gerichtliche Rehabilitation (Art. 87—89).

Strafantrag und Privatanklage sind im StGB geregelt.

Die Verantwortlichkeit für strafb. Handlungen wird nach dem Gesetze beurteilt, das zur Zeit der Begehung der Tat in Geltung war; das neue Gesetz findet Anwendung, wenn es für den Täter das mildere ist (Art. 90).

Die Auslieferung von Staatsbürgern der FVRJ ist unzulässig (Art. 97).

Die Systematik des besonderen Teiles weist zwei Besonderheiten auf. Es besteht keine systematische Trennung zwischen den strafbaren Handlungen gegen die Gesamtheit und gegen Einzelinteressen; dem sozialistischen Staat ist eine solche Trennung fremd. Einige Hauptstücke sind neu bzw. den neuen Wirtschaftsverhältnissen angepaßt: so das Hauptstück über: das Arbeitsverhältnis (XIV), die Volkswirtschaft (XIX), die Menschlichkeit (XI) und die bewaffnete Macht (XXV). Das Heer im Volksstaate ist ein Volksheer, keine isolierte Organisation; daher besteht kein besonderes Militär-StGB (Mot. 358), wohl aber Militärgerichte. In das Gesetz wurden nicht aufgenommen: die Konkursdelikte (größtenteils sind sie nicht mehr aktuell), die Abtreibung, begangen durch die Schwangere (weil schwer beweisbar) und der Ehebruch (weil durch das Strafverfahren die Ehe gewöhnlich zerstört wird) (Mot. 334). Als Indikationen für die zulässige Schwangerschaftsunterbrechung bestehen: die medizinische, eugenische und ethische (Vdg.). Die Urkundendelikte sind im Hauptstücke „Öffentliche Ordnung" (XXIII), die Geldfälschung und die Angriffe gegen die Gesundheit von Tieren und Pflanzen im Hauptstücke Volkswirtschaft (XIX) kriminalisiert. Einige Änderungen im Eigentumsverhältnisse finden auch im StGB Ausdruck, z. B. der Verkehr mit Liegenschaften (Art. 219), mit Gold, Devisen (Art. 234), verbotener Handel (Art. 226), Schadenshandlungen in der Landwirtschaft (Art. 238—248). Das Hauptstück Amtspflicht (XXIV) ist etwas umfangreicher, weil der Staat bzw. Gesellschaftsapparat erhebliche Teile der Volkswirtschaft umfaßt. Neu ist auch das Delikt der Plünderung (ein typisches Delikt gegen die Gesellschaft) (Art. 255).

Das Einführungsgesetz zum StGB vom 29. Februar 1951 (BAB vom 1. März 1951, Z. 11) enthält Bestimmungen über das Inkrafttreten des StGB, Übergangsbestimmungen und Abänderungen von Nebengesetzen; das Gesetz über den Vollzug von Strafen, Sicherungsmaßnahmen und Erziehungs-Besserungsmaßnahmen vom 8. Oktober 1951 (BAB vom 24. Oktober 1951, Z. 14) enthält Vorschriften über den Vollzug dieser Sanktionen: Strafvollzugsbehörden sind in der Regel die Organe für innere Angelegenheiten, nicht die Justizorgane.

# Das Jugoslawische Strafgesetzbuch
## vom 2. März 1951

Auf Grund des Art. 74, Z. 6 der Verfassung der FVRJ[1]) in Verbindung mit Art. 4, Z. 9 des Gesetzes über das Präsidium der Narodna skupština[2]) der FVRJ, verfügt das Präsidium der Narodna skupština der FVRJ die Kundmachung des Strafgesetzbuches, das vom Bundesrat und Nationalrat der Narodna skupština der FVRJ in den Sitzungen am 27. Februar 1951 beschlossen worden ist und lautet, wie folgt:

**Das Strafgesetzbuch[3])**

**Allgemeiner Teil**

Erstes Hauptstück

**Einleitende Bestimmungen**

## Das Strafgesetzbuch

Artikel 1

1. Dieses Strafgesetzbuch schützt vor Gewalttätigkeit, Willkür, wirtschaftlicher Ausbeutung und vor anderen gesellschaftlich gefährlichen Handlungen: die Persönlichkeit der Bürger, ihre durch Verfassung und Gesetze gewährleisteten Rechte und Freiheiten; die politischen, nationalen, wirtschaftlichen und sozialen Grundlagen der FVRJ, ihre Unabhängigkeit und Sicherheit, ihre sozialistische gesellschaftliche Organisation und die durch Verfassung und Gesetze festgesetzte staatliche Ordnung.

2. Dieser Schutz wird durch die Bestimmung verwirklicht, welche gesellschaftlich gefährliche Taten zu strafbaren Handlungen erklärt, durch die Androhung von Strafen, Sicherungs-, Erziehungs- und Besserungsmaßnahmen sowie durch die im gesetzlich vorgeschriebenen Verfahren erfolgte Anwendung dieser Strafen und Maßnahmen gegen diejenigen Personen, die solche strafbaren Handlungen begehen.

**Keine strafbare Handlung, keine Strafe ohne Gesetz**

Artikel 2

Niemand kann bestraft werden wegen einer Tat, die nicht durch das Gesetz als strafbare Handlung bestimmt war, bevor sie begangen wurde, und für die im Gesetz nicht vorgeschrieben war, wie derjenige zu bestrafen ist, der sie begangen hat.

---

[1]) Föderative Volksrepublik Jugoslawien (FVRJ).
[2]) Narodna skupština (wörtlich: Volksversammlung) der FVRJ=Bundesparlament.
[3]) Kundgemacht im Amtsblatt der FVRJ vom 9. März 1951, Z. 13.

### Strafzweck

Artikel 3

Der Zweck der Strafe ist:
Verhinderung der gesellschaftlich gefährlichen Tätigkeit;
Hinderung des Täters an der Begehung weiterer strafbarer Handlungen und seine Erziehung;
erzieherische Einwirkung auf andere, damit sie keine strafbaren Handlungen begehen;
Einwirkung auf die Entwicklung der Gesellschaftsmoral und auf die Gesellschaftsdisziplin der Bürger.

Zweites Hauptstück

## Die strafbare Handlung und strafrechtliche Verantwortlichkeit

### Die strafbare Handlung

Artikel 4

1. Die strafbare Handlung ist eine gesellschaftlich gefährliche Tat, deren Merkmale im Gesetz bestimmt sind.

2. Eine Tat ist keine strafbare Handlung, wenn sie, obwohl sie die im Gesetz bestimmten Merkmale einer solchen aufweist, wegen ihrer geringen Bedeutung und wegen Unerheblichkeit oder Nichteintritts schädlicher Folgen eine unbedeutende gesellschaftliche Gefahr darstellt.

### Alter

Artikel 5

1. Strafrechtlich nicht verantwortlich ist, wer zur Zeit der Begehung der strafbaren Handlung das vierzehnte Lebensjahr nicht vollendet hat.

2. Strafrechtlich nicht verantwortlich ist ein Minderjähriger über vierzehn Jahren, der zur Zeit der Begehung der strafbaren Handlung mangels geistiger Entwicklung die Bedeutung seiner Tat nicht einsehen oder sein Verhalten nicht beherrschen konnte.

### Zurechnungsfähigkeit

Artikel 6

1. Strafrechtlich nicht verantwortlich ist, wer eine strafbare Handlung im Zustande dauernder oder vorübergehender geistiger Erkrankung, vorübergehender Geistesstörung oder zurückgebliebener geistiger Entwicklung begangen hat, wenn er infolge dieser Zustände die Bedeutung seiner Tat nicht einsehen oder sein Verhalten nicht beherrschen konnte.

2. Ist zur Zeit der Begehung der strafbaren Handlung infolge eines im 1. Absatze dieses Artikels beschriebenen Zustandes die Fähigkeit des Täters, die Bedeutung seiner Tat einzusehen und die Möglichkeit sein Verhalten zu beherrschen, wesentlich vermindert, so kann das Gericht die Strafe mildern.

3. Der Täter ist strafrechtlich verantwortlich, wenn er sich durch Alkoholgenuß oder auf andere Art selbst in einen Zustand vorübergehender Geistesstörung versetzt hat, obwohl er sich bewußt war oder bewußt sein mußte und konnte, daß er in einem solchen Zustande eine strafbare Handlung begehen könnte.

## Vorsatz und Fahrlässigkeit

### Artikel 7

1. Der Täter ist für eine strafbare Handlung nur dann strafrechtlich verantwortlich, wenn er sie vorsätzlich oder fahrlässig begangen hat.

2. Die strafbare Handlung ist vorsätzlich begangen, wenn sich der Täter seiner Tat bewußt gewesen ist und deren Ausführung gewollt hat; oder wenn er sich bewußt gewesen ist, daß infolge ihrer Begehung oder Unterlassung der verbotene Erfolg eintreten könnte, er aber dessen Eintritt gebilligt hat.

3. Die strafbare Handlung ist aus Fahrlässigkeit begangen, wenn der Täter sich bewußt gewesen ist, daß der verbotene Erfolg eintreten könnte, er aber leichtsinnigerweise angenommen hat, dieser werde nicht eintreten oder er werde ihn abwenden können; oder wenn er sich der Möglichkeit des Eintretens des verbotenen Erfolges nicht bewußt gewesen ist, obwohl er nach den Umständen und nach seinen persönlichen Eigenschaften verpflichtet war, sich dieser Möglichkeit bewußt zu sein und dies auch konnte.

4. Für eine aus Fahrlässigkeit begangene strafbare Handlung ist der Täter nur dann strafrechtlich verantwortlich, wenn das Gesetz dies bestimmt.

## Die Verantwortlichkeit für einen schwereren Erfolg und wegen besonderer Umstände

### Artikel 8

1. Ist aus der strafbaren Handlung ein schwerer Erfolg entstanden, den das Gesetz mit einer schwereren Strafe bedroht, so ist die schwerere Strafe zu verhängen, wenn dieser Erfolg der Fahrlässigkeit des Täters zugeschrieben werden kann.

2. Ist für eine bestimmte strafbare Handlung wegen besonderer Umstände eine schwerere Strafe angedroht, so ist diese nur dann zu verhängen, wenn der Täter diese Umstände kannte oder sie kennen mußte und konnte.

## Tatirrtum

### Artikel 9

1. Strafrechtlich nicht verantwortlich ist, wer sich zur Zeit der Begehung der strafbaren Handlung eines ihrer im Gesetze bestimmten Merkmales nicht bewußt gewesen ist; oder irrtümlich angenommen hat, daß Umstände vorliegen, unter welchen die Tat, wenn sie tatsächlich vorliegen würden, erlaubt gewesen wäre.

2. Befand der Täter sich aus Fahrlässigkeit in diesem Irrtum, dann ist er wegen einer fahrlässig begangenen strafbaren Handlung verantwortlich, wenn das Gesetz für eine solche strafrechtliche Verantwortlichkeit bestimmt.

### Rechtsirrtum

Artikel 10

Das Gericht kann den Täter einer strafbaren Handlung, der aus gerechtfertigten Gründen nicht gewußt hat, daß eine solche Tat verboten ist, milder bestrafen; es kann auch von Bestrafung absehen.

### Notwehr

Artikel 11

1. Eine in Notwehr begangene Tat ist keine strafbare Handlung.

2. Notwehr ist eine solche Verteidigung, die unumgänglich notwendig ist, um von sich oder von einem anderen einen gegenwärtigen rechtswidrigen Angriff abzuwehren.

3. Überschreitet der Täter die Grenzen der Notwehr, so kann das Gericht die Strafe mildern; begeht er diese Überschreitung infolge einer durch den Angriff hervorgerufenen heftigen Erregung oder Bestürzung, so kann das Gericht von Bestrafung absehen.

### Notstand

Artikel 12

1. Eine in Notstand begangene Tat ist keine strafbare Handlung.

2. Eine Tat ist in Notstand begangen, wenn sie begangen worden ist, damit der Täter von sich oder von einem anderen eine gegenwärtige, unverschuldete, anders nicht abwendbare Gefahr abwendet, und wenn das hierbei verübte Übel geringer ist als jenes, welches gedroht hat.

3. Überschreitet der Täter die Grenzen des Notstandes, so kann die Strafe gemildert werden.

4. Ein Notstand ist nicht vorhanden, wenn der Täter sich der Gefahr auszusetzen verpflichtet war.

## Drittes Hauptstück

# Die Ausführung der strafbaren Handlung

## 1. Art, Zeit und Ort der Ausführung der strafbaren Handlung

### Allgemeine Art der Ausführung der strafbaren Handlung

Artikel 13

1. Die strafbare Handlung kann durch Tun oder durch Unterlassen begangen werden.

2. Die strafbare Handlung wird durch Unterlassung begangen, wenn der Täter die Ausführung der Handlung, die er auszuführen verpflichtet war, unterlassen hat.

### Zeit der Ausführung der strafbaren Handlung

Artikel 14

Die strafbare Handlung ist zu der Zeit begangen, zu der der Täter gehandelt hat oder zu handeln verpflichtet war ohne Rücksicht darauf, wann der Erfolg eingetreten ist.

### Ort der Ausführung der strafbaren Handlung

Artikel 15

1. Die strafbare Handlung ist sowohl an dem Ort begangen, wo der Täter gehandelt hat oder zu handeln verpflichtet war, als auch dort, wo der Erfolg eingetreten ist.

2. Der Versuch der strafbaren Handlung ist sowohl an dem Orte begangen, wo der Täter gehandelt hat als auch dort, wo nach seinem Vorsatz der Erfolg eintreten sollte oder eintreten konnte.

## 2. Der Versuch

### Die Bestrafung wegen Versuches

Artikel 16

1. Wer die Begehung einer vorsätzlichen strafbaren Handlung begonnen, aber nicht vollendet hat, wird nur wegen Versuches bestraft, wenn die vollendete Tat nach dem Gesetze mit strengen Gefängnis von fünf Jahren oder mit schwerer Strafe bedroht wird, hinsichtlich anderer strafbaren Handlungen aber nur dann, wenn das Gesetz die Bestrafung des Versuches mit Strafe bedroht.

2. Wegen Versuches kann der Täter milder bestraft werden als wegen der vollendeten strafbaren Handlung.

### Untauglicher Versuch

Artikel 17

Ist das Mittel, womit der Täter die Ausführung der strafbaren Handlung versucht hat, oder ist der Gegenstand, woran er sie auszuführen versucht hat, derart, daß die strafbare Handlung mit einem solchen Mittel oder an einem solchen Gegenstand unter keiner Bedingung ausgeführt werden könnte, so kann das Gericht den Täter milder bestrafen; hierbei ist es weder an die Art noch an das Maß der für diese strafbare Handlung angedrohten Strafe gebunden; es kann auch von Bestrafung absehen.

**Freiwilliger Rücktritt**

Artikel 18

1. Hat der Täter die Ausführung der strafbaren Handlung versucht, ist er aber von der Ausführung derselben freiwillig zurückgetreten, so kann das Gericht von Bestrafung absehen.

2. Im Falle eines freiwilligen Rücktrittes wird der Täter wegen solcher Taten bestraft, die eine andere selbständige strafbare Handlung begründen.

## 3. Teilnahme

**Anstiftung**

Artikel 19

1. Wer jemanden zur Ausführung einer strafbaren Handlung vorsätzlich bestimmt, wird bestraft, als ob er sie selbst ausgeführt hätte.

2. Wer jemanden zur Ausführung einer strafbaren Handlung, deretwegen nach dem Gesetze auf strenges Gefängnis von fünf Jahren oder auf eine schwerere Strafe erkannt werden kann, vorsätzlich bestimmt, wird, wenn die Tat nicht einmal bis zum Versuch gediehen ist, wegen Versuches dieser strafbaren Handlung bestraft.

**Beihilfe**

Artikel 20

1. Wer jemanden zur Ausführung einer strafbaren Handlung vorsätzlich Hilfe leistet, wird so bestraft, als ob er sie selbst ausgeführt hätte; er kann aber milder bestraft werden.

2. Als Beihilfe gilt insbesondere: Erteilen von Rat oder Anleitungen, wie die strafbare Handlung ausgeführt werden soll, zur Verfügungstellen von Mitteln für den Täter zur Ausführung der strafbaren Handlung, Beseitigung von Hindernissen für die Ausführung der strafbaren Handlung, sowie die im voraus versprochene Verheimlichung der strafbaren Handlung, des Täters, der Mittel, mit denen die strafbare Handlung ausgeführt worden ist, der Spuren der strafbaren Handlung oder der durch dieselbe erworbenen Gegenstände.

**Bestrafung des Anstifters und Gehilfen wegen Versuches**

Artikel 21

Ist die strafbare Handlung nur bis zum Versuche gediehen, so werden Anstifter und Gehilfe wie wegen Versuches bestraft.

**Grenzen der Verantwortlichkeit und Strafbarkeit des Anstifters und Gehilfen**

Artikel 22

1. Anstifter und Gehilfe sind innerhalb der Grenzen ihres Vorsatzes strafrechtlich verantwortlich.

2. Haben Anstifter und Gehilfe die Ausführung der Tat freiwillig verhindert, so kann das Gericht von ihrer Bestrafung absehen.

3. Persönliche Verhältnisse, Eigenschaften und Umstände, deretwegen das Gesetz die strafrechtliche Verantwortlichkeit ausschließt, oder Absehen von Bestrafung, Verminderung oder Erhöhung der Strafe gestattet oder anordnet, können nur bei dem Täter, Anstifter oder Gehilfen berücksichtigt werden, bei dem solche Verhältnisse, Eigenschaften oder Umstände vorliegen.

**Bestrafung der Organisatoren verbrecherischer Vereinigungen**

Artikel 23

Wer zur Begehung strafbarer Handlungen eine Organisation, Bande, Verschwörung, Gruppe oder eine andere Vereinigung gründet oder ausnützt, wird wegen aller strafbaren Handlungen, die aus dem verbrecherischen Plane dieser Vereinigungen hervorgegangen sind, bestraft, als ob er sie selbst begangen hätte.

## Viertes Hauptstück

# Strafen

### 1. Strafarten und die Bedingungen ihrer Verhängung

**Strafarten**

Artikel 24

Gegen den Täter strafbarer Handlungen können folgende Strafen verhängt werden:

1. Die Todesstrafe;
2. strenges Gefängnis;
3. Gefängnis;
4. Schmälerung bürgerlicher Rechte;
5. Verbot der Ausübung eines bestimmten Berufes;
6. Vermögenskonfiskation;
7. Geldstrafe.

**Haupt- und Nebenstrafen**

Artikel 25

1. Die Todesstrafe, die Strafe strengen Gefängnisses und Gefängnisses können nur als Hauptstrafen verhängt werden.

2. Die Strafen der Schmälerung bürgerlicher Rechte, des Verbotes der Ausübung eines bestimmten Berufes und der Vermögenskonfiskation können nur als Nebenstrafen verhängt werden.

3. Die Geldstrafe kann sowohl als Hauptstrafe wie auch als Nebenstrafe verhängt werden.

4. Sind wegen einer strafbaren Handlung mehrere Strafen angedroht, so kann nur eine als Hauptstrafe verhängt werden.

5. Neben der Hauptstrafe können mehrere Nebenstrafen verhängt werden.

## Gesetzlichkeit bei der Strafverhängung

Artikel 26

1. Die Todesstrafe und die Strafen strengen Gefängnisses, Gefängnisses und der Vermögenskonfiskation dürfen nur dann verhängt werden, wenn sie für eine bestimmte strafbare Handlung im Gesetze angedroht sind.

2. Die Strafe der Schmälerung bürgerlicher Rechte und des Verbotes der Ausübung eines bestimmten Berufes können auch dann verhängt werden, wenn sie für eine bestimmte strafbare Handlung im Gesetz nicht angedroht sind, jedoch nur unter den in diesem Gesetzbuche bestimmten Bedingungen.

3. Die Geldstrafe kann nur verhängt werden, wenn sie wegen einer bestimmten strafbaren Handlung im Gesetz angedroht ist; wegen strafbarer Handlungen, die aus Gewinnsucht begangen sind, darf diese Strafe als Nebenstrafe auch dann verhängt werden, wenn sie im Gesetz nicht angedroht ist.

## Todesstrafe

Artikel 27

1. Die Todesstrafe wird durch Erschießen oder durch den Strang vollstreckt.

2. Das Gericht entscheidet im Urteil, ob die Todesstrafe durch Erschießen oder durch den Strang vollstreckt wird.

3. Gegen eine schwangere Frau darf die Todesstrafe nicht verhängt werden.

## Die Strafe strengen Gefängnisses

Artikel 28

Die kürzeste Dauer der Strafe strengen Gefängnisses beträgt sechs Monate, die längste zwanzig Jahre; sie wird auf volle Jahre und Monate verhängt.

## Umwandlung der Todesstrafe

Artikel 29

1. Die Todesstrafe kann durch einen Amnestie- oder Begnadigungsakt auch in lebenslängliches strenges Gefängnis umgewandelt werden.

2. Findet das Gericht mit Rücksicht auf die Schwere der strafbaren Handlung, daß auf Todesstrafe zu erkennen wäre, daß aber gerechtfertigte Gründe vorhanden sind, diese nicht zu verhängen, eine zeitliche Strafe strengen Gefängnisses aber der

Schwere der strafbaren Handlung nicht entsprechen würde, dann kann das Gericht anstatt auf Todesstrafe auf lebenslängliches strenges Gefängnis erkennen.

## Gefängnisstrafe

Artikel 30

1. Die kürzeste Dauer der Gefängnisstrafe beträgt drei Tage, die längste fünf Jahre.

2. Die Gefängnisstrafe wird auf volle Jahre und Monate, bis zu drei Monaten auch auf volle Tage verhängt.

## Die Strafe der Schmälerung bürgerlicher Rechte

Artikel 31

1. Die Strafe der Schmälerung bürgerlicher Rechte umfaßt den Verlust des Wahlrechtes, des Rechtes auf Erwerb und Ausübung von Wahlfunktionen in gesellschaftlichen Organisationen und Vereinen, und des Rechtes auf öffentliches Auftreten.

2. Die Strafe der Schmälerung bürgerlicher Rechte ist dauernd oder zeitlich.

3. Die kürzeste Dauer der Strafe zeitlicher Schmälerung bürgerlicher Rechte beträgt ein Jahr, die längste fünf Jahre.

## Dauernde Schmälerung bürgerlicher Rechte

Artikel 32

1. Auf die Strafe dauernder Schmälerung bürgerlicher Rechte wird immer bei Verurteilung zur Todesstrafe und bei Umwandlung derselben in lebenslängliches strenges Gefängnis erkannt.

2. Die Strafe dauernder Schmälerung bürgerlicher Rechte beginnt vom Tage der Rechtskraft des Urteiles an zu laufen.

3. Bei Verurteilung zur Strafe dauernder Schmälerung bürgerlicher Rechte verfügt das Gericht im Urteil, daß dem Täter alle Ehrenämter und Ehrenzeichen entzogen werden.

## Zeitliche Schmälerung bürgerlicher Rechte

Artikel 33

1. Die Strafe zeitlicher Schmälerung bürgerlicher Rechte kann nur bei Verurteilung zur Strafe strengen Gefängnisses verhängt werden, wenn diese mindestens fünf Jahre beträgt.

2. Ausnahmsweise kann das Gericht auch bei Verurteilung zur Strafe strengen Gefängnisses von zwei bis fünf Jahren auf die Strafe zeitlicher Schmälerung bürgerlicher Rechte bis zu zwei Jahren erkennen.

3. Unter den Bedingungen des 1. und 2. Absatzes dieses Artikels wird auf die Strafe zeitlicher Schmälerung bürgerlicher Rechte erkannt, wenn der Täter der strafbaren Handlung sich der Beteiligung am öffentlichen Leben als unwürdig erwiesen hat.

4. Der zu zeitlicher Schmälerung bürgerlicher Rechte Verurteilte darf die bürgerlichen Rechte, deren er zeitweilig verlustig geht, vom Tage der Rechtskraft des Urteiles an nicht ausüben; die Zeitdauer dieser Strafe aber wird von dem Tage an berechnet, an dem die Hauptstrafe verbüßt, verjährt oder erlassen ist.

5. Bei der Verurteilung zur Strafe zeitlicher Schmälerung bürgerlicher Rechte kann das Gericht dem Täter Ehrenämter oder Ehrenzeichen entziehen, wenn er eine strafbare Handlung begangen hat, die ihn zum Bekleiden eines Ehrenamtes oder zum Tragen eines Ehrenzeichens unwürdig macht.

### Wiederverleihung der bürgerlichen Rechte

Artikel 34

Der zur zeitlichen Schmälerung bürgerlicher Rechte Verurteilte kehrt in den Genuß seiner bürgerlichen Rechte an dem Tage zurück, an dem die Strafe der Schmälerung bürgerlicher Rechte abgelaufen ist.

### Die Strafe des Verbots der Ausübung eines bestimmten Berufes

Artikel 35

1. Die Strafe des Verbotes der Ausübung eines bestimmten Berufes ist dauernd oder zeitlich.

2. Die Strafe dauernden Verbotes der Ausübung eines bestimmten Berufes kann nur bei Verurteilung zur Strafe strengen Gefängnisses verhängt werden, wenn diese mindestens drei Jahre beträgt.

3. Die kürzeste Dauer der Strafe zeitlichen Verbotes der Ausübung eines bestimmten Berufes beträgt drei Monate, die längste fünf Jahre.

4. Auf die Strafe des Verbotes der Ausübung eines bestimmten Berufes wird erkannt, wenn der Täter seinen Beruf zur Begehung einer strafbaren Handlung mißbraucht hat oder wenn die weitere Ausübung seines Berufes mit Gefahr verbunden ist.

5. Die Dauer der Strafe des Verbotes der Ausübung eines bestimmten Berufes wird von dem Tage an berechnet, an dem die Hauptstrafe verbüßt, verjährt oder erlassen ist.

### Die Strafe der Vermögenskonfiskation

Artikel 36

Die Strafe der Vermögenskonfiskation besteht in der Einziehung des Vermögens des Verurteilten ohne Entschädigung.

### Geldstrafe

Artikel 37

1. Der Mindestbetrag der Geldstrafe ist hundert Dinar. Bestimmt das Gesetz nichts anderes, dann ist der Höchstbetrag der Geldstrafe fünfzigtausend Dinar, wegen strafbarer Handlungen aus Gewinnsucht aber dreihunderttausend Dinar.

2. Im Urteile ist eine Frist zur Zahlung der Geldstrafe zu bestimmen; die kürzeste Dauer dieser Frist ist fünfzehn Tage, die längste drei Monate; in gerechtfertigten Fällen kann das Gericht dem Verurteilten die Abtragung der Geldstrafe auch in Teilzahlungen gestatten. In einem solchen Falle bestimmt das Gericht die Zahlungsart und Zahlungsfrist. Diese Frist darf zwei Jahre nicht überschreiten.

## 2. Strafbemessung

### Allgemeine Regel für die Strafbemessung

Artikel 38

Das Gericht bemißt die Strafe wegen einer bestimmten strafbaren Handlung innerhalb der Grenzen, die das Gesetz für diese Tat bestimmt; hierbei berücksichtigt es alle Umstände, die auf die Strafe erhöhend oder vermindernd wirken (Erschwerungs- und Milderungsumstände) insbesondere aber: den Grad der strafrechtlichen Verantwortlichkeit, die Beweggründe der begangenen Tat, die Schwere der Gefährdung oder Verletzung des geschützten Gutes, die Umstände, unter welchen die Tat begangen ist, das Vorleben, die persönlichen Verhältnisse und das Verhalten des Täters nach begangener Tat.

### Bemessung der Geldstrafe

Artikel 39

Bei der Bemessung der Geldstrafe berücksichtigt das Gericht die Vermögensverhältnisse des Täters.

### Rückfall

Artikel 40

1. Ist der Täter im Rückfall, so berücksichtigt das Gericht dies immer als Erschwerungsgrund.

2. Der Täter ist im Rückfall, wenn er bereits wegen einer vorsätzlich begangenen strafbaren Handlung zur Strafe strengen Gefängnisses oder Gefängnisses verurteilt worden ist und binnen fünf Jahren vom Tage, an dem er diese Strafe vollkommen oder teilweise verbüßt hat, wiederum eine vorsätzliche strafbare Handlung begeht, die mit Gefängnis oder mit einer schwereren Strafe bedroht ist.

### Besonders schwere Fälle

Artikel 41

Droht das Gesetz für einen besonders schweren Fall einer bestimmten strafbaren Handlung eine schwerere Strafe an, so erkennt das Gericht auf diese Strafe, wenn die Tat ein besonders gefährliches Gepräge dadurch bekommen hat, daß der Täter bei ihrer Begehung eine besondere Entschlossenheit, Hartnäckigkeit oder Rücksichtslosigkeit an den Tag gelegt hat und daß die Tat entweder besonders schwere Folgen hervorgerufen hat oder unter besonders erschwerenden Umständen begangen worden ist.

## Strafmilderung

Artikel 42

1. Bestimmt das Gesetz, daß der Täter milder bestraft werden könne, so kann das Gericht die Strafe unter der im Gesetze bestimmten Grenze bemessen oder auf eine mildere Strafart erkennen.

2. Das Gericht kann die Strafe unter der im Gesetz bestimmten Grenze bemessen oder auf eine mildere Strafart auch dann erkennen, wenn es der Ansicht ist, daß solche Milderungsumstände vorhanden sind, die darauf hinweisen, daß der Strafzweck auch mit einer gemilderten Strafe erreicht werden kann.

## Die Art der Strafmilderung

Artikel 43

Ist das Gericht der Ansicht, daß die Strafe zu mildern ist, so mildert es dieselbe auf folgende Art:

1. Ist die strafbare Handlung mit strengem Gefängnis, Gefängnis oder mit Geldstrafe unter Angabe eines Mindestmaßes bedroht, so kann dieses Mindestmaß bis zum gesetzlichen Mindestmaß dieser Strafart herabgemindert werden;

2. ist die strafbare Handlung mit strengem Gefängnis oder Gefängnis ohne Angabe eines Mindestmaßes bedroht, so kann an Stelle strengen Gefängnisses auf Gefängnis nicht unter drei Monaten, an Stelle von Gefängnis auf Geldstrafe erkannt werden.

## Absehen von Strafe

Artikel 44

Das Gericht kann von der Bestrafung des Täters einer strafbaren Handlung nur in den Fällen absehen, in denen das Gesetz dies bestimmt.

## Anrechnung der Haft, Untersuchungshaft und früheren Strafe

Artikel 45

1. Die in Haft oder Untersuchungshaft zugebrachte Zeit ist auf die Strafe strengen Gefängnisses, Gefängnisses und auf Geldstrafe anzurechnen.

2. Auf die neue Strafe ist auch der Teil einer früher verbüßten Strafe anzurechnen, wenn die frühere Strafe durch einen Amnestie- oder Begnadigungsakt, durch außerordentliche Strafmilderung oder anläßlich eines Wiederaufnahmeverfahrens oder eines Antrages zur Wahrung der Gesetzlichkeit umgewandelt worden ist.

3. Bei der Anrechnung werden ein Tag Haft, ein Tag Untersuchungshaft, ein Tag strengen Gefängnisses, ein Tag Gefängnisses und zweihundert Dinar Geldstrafe einander gleichgesetzt.

## Zusammentreffen von strafbaren Handlungen

Artikel 46

1. Begeht der Täter durch eine Tat mehrere strafbare Handlungen oder begeht er durch mehrere Taten mehrere strafbare Handlungen, bezüglich derer ein Urteil noch nicht ergangen ist, so erkennt das Gericht zunächst auf Strafe wegen jeder strafbaren Handlung, bezüglich der Verhängung der Gesamtstrafe verfährt es aber auf folgende Art:

1) Erkennt es wegen einer der zusammentreffenden strafbaren Handlungen auf Todesstrafe, so verhängt es nur diese;

2) erkennt es wegen der zusammentreffenden strafbaren Handlungen auf Strafen strengen Gefängnisses und Gefängnisses, so verhängt es nur eine Strafe, die in der Erhöhung der schwersten der erkannten Einzelstrafen besteht; doch darf die erhöhte Strafe weder die Summe der erkannten Einzelstrafen erreichen noch das gesetzliche Höchstmaß der erkannten Strafart überschreiten;

3) erkennt es wegen einer der zusammentreffenden strafbaren Handlungen auf Geldstrafe, wegen einer anderen auf strenges Gefängnis oder Gefängnis, so verhängt es neben der Strafe strengen Gefängnisses oder Gefängnisses auch die Geldstrafe;

4) erkennt es wegen der zusammentreffenden strafbaren Handlungen auf Geldstrafen, so verhängt es nur eine Geldstrafe; jedoch darf diese weder die Summe der erkannten Einzelstrafen noch das gesetzliche Höchstmaß überschreiten.

2. Nebenstrafen verhängt das Gericht auch, wenn es auf diese nur wegen einer der zusammentreffenden strafbaren Handlungen erkannt hat; sind diese Strafen gleicher Art, so verhängt es nur eine Strafe dieser Art; diese darf jedoch weder die Summe der erkannten Einzelstrafen noch das gesetzliche Höchstmaß der erkannten Strafart überschreiten.

3. Erkennt das Gericht wegen einer der zusammentreffenden strafbaren Handlungen auf Vermögenskonfiskation, so kann es eine Geldstrafe weder als Haupt- noch als Nebenstrafe verhängen.

## Strafbemessung hinsichtlich eines Verurteilten[1])

Artikel 47

1. Wird ein Verurteilter vor Verbüßung der Strafe wegen einer vor Fällung des früheren Urteiles begangenen strafbaren Handlung oder wegen einer vor Verbüßung der Strafe begangenen strafbaren Handlung verurteilt, so verhängt das Gericht unter Anwendung der Bestimmung des Art. 46 nur eine Strafe; hierbei berücksichtigt es die frühere Strafe für die betreffende strafbare Handlung als bereits verhängt. Derjenige Teil der Strafe, den der Verurteilte

[1]) Das Gesetz meidet das Wort „Sträfling".

aus dem früheren Urteil bereits verbüßt hat, wird nach der Bestimmung des Art. 45 dieses Gesetzes angerechnet.

2. Begeht ein Verurteilter während der Verbüßung der Strafe strengen Gefängnisses oder Gefängnisses oder während der bedingten Entlassung eine strafbare Handlung, deretwegen auf eine Strafe von acht Jahren strengen Gefängnisses oder auf eine strengere Strafe erkannt werden kann, dann kann das Gericht ohne Rücksicht auf die früher verhängte Strafe eine neue Strafe verhängen, wenn bei Anwendung der Bestimmung des Art. 46 dieses Gesetzbuches infolge eines zu kurzen Restes der früher verhängten Strafe der Strafzweck nicht verwirklicht werden könnte.

3. Begeht ein Verurteilter während der Verbüßung der Strafe strengen Gefängnisses oder Gefängnisses eine strafbare Handlung, die das Gesetz mit Geldstrafe oder mit Gefängnis bis zu sechs Monaten bedroht, so wird er im Disziplinarwege bestraft.

## 3. Bedingte Verurteilung

### Die Fällung einer bedingten Verurteilung

Artikel 48

1. Bei einer Verurteilung zu Gefängnis bis zu zwei Jahren oder zu Geldstrafe kann das Gericht den Vollzug der Strafe im Urteil unter der Bedingung aufschieben, daß der Verurteilte binnen einer festgesetzten Frist, die nicht weniger als ein Jahr und nicht mehr als fünf Jahre betragen darf, keine neue vorsätzliche ebenso schwere oder schwerere strafbare Handlung begeht.

2. Den Aufschub des Vollzuges der Strafe kann das Gericht auch von der Bedingung abhängig machen, daß der Verurteilte binnen einer festgesetzten Frist, die nicht länger als ein Jahr sein darf, den durch das Urteil festgestellten Schaden ersetzt.

3. Das Gericht verfügt den bedingten Aufschub der Vollstreckung der verhängten Strafe, wenn es nach den Umständen der Tat, nach dem Verhalten des Täters nach begangener Tat und mit Rücksicht auf sein Vorleben feststellt, daß mit Grund erwartet werden kann, der Verurteilte werde in Zukunft auch ohne Vollzug der Strafe keine strafbaren Handlungen begehen, und daß in diesem Falle durch die Verurteilung allein der Strafzweck erreicht werden wird.

4. Eine bedingte Verurteilung kann demjenigen nicht zugebilligt werden, der in den letzten fünf Jahren zur Strafe strengen Gefängnisses oder unbedingt zu Gefängnis von über einem Jahre verurteilt worden ist.

5. Das Gericht kann im Urteil anordnen, daß die Strafe zeitlichen Verbotes der Ausübung eines bestimmten Berufes ohne Rücksicht darauf verbüßt wird, daß die Abbüßung der Hauptstrafe aufgeschoben ist.

## Widerruf der bedingten Verurteilung

Artikel 49

1. Das Gericht widerruft den Aufschub des Strafvollzuges, wenn der bedingt Verurteilte innerhalb der Frist, während welcher der Strafvollzug aufgeschoben ist, vorsätzlich eine neue ebenso schwere oder schwerere strafbare Handlung begeht, sowie in dem Falle, in dem er nach Fällung der bedingten Verurteilung wegen einer vor ihrer Fällung begangenen strafbaren Handlung verurteilt wird, das Gericht aber der Ansicht ist, daß zur Fällung einer bedingten Verurteilung kein Grund vorhanden gewesen wäre, wenn es von der früher begangenen strafbaren Handlung Kenntnis gehabt hätte.

2. Im Falle eines Widerrufes der bedingten Verurteilung verhängt das Gericht wegen aller strafbaren Handlungen gemäß Art. 46 dieses Gesetzbuches nur eine Strafe; hierbei berücksichtigt es die frühere Strafe für die betreffende strafbare Handlung als bereits verhängt.

3. Die bedingte Verurteilung kann binnen der Frist, binnen welcher der Strafvollzug aufgeschoben ist, widerrufen werden. Begeht der bedingt Verurteilte während dieser Frist eine neue vorsätzliche ebenso schwere oder schwerere strafbare Handlung, und findet die urteilsmäßige Feststellung derselben erst nach Ablauf der Frist statt, während welcher der Strafvollzug aufgeschoben ist, so kann die bedingte Verurteilung spätestens binnen Jahresfrist, gerechnet von dem Tage, an dem die Dauer des Aufschubes des Strafvollzuges abgelaufen ist, widerrufen werden.

4. Ist der Aufschub des Strafvollzuges vom Ersatz des Schadens abhängig gemacht, so widerruft das Gericht die bedingte Verurteilung, wenn der Verurteilte den Schaden nicht binnen der festgesetzten Frist ersetzt. Das Gericht kann jedoch für den Ersatz des Schadens auch eine neue Frist bestimmen, oder von dieser Bedingung absehen, wenn es der Ansicht ist, daß der Verurteilte den Schaden zu ersetzen nicht imstande ist.

## Die Wirkung der nicht widerrufenen bedingten Verurteilung

Artikel 50

Wird die bedingte Verurteilung nicht widerrufen, so gilt der bedingt Verurteilte wegen der Taten, auf die sich die bedingte Verurteilung bezieht, als nicht verurteilt.

### 4. Allgemeine Bestimmungen über den Strafvollzug

## Zweck des Strafvollzuges

Artikel 51

1. Mit dem Vollzuge der Strafe wird der in diesem Strafgesetzbuche festgesetzte Strafzweck verwirklicht.

2. Durch den Strafvollzug darf dem Verurteilten weder physisches Leid angetan noch dessen Menschenwürde gekränkt werden.

## Vollzug der Todesstrafe

Artikel 52

1. Die Todesstrafe darf nicht vollzogen werden, bevor nicht festgestellt ist, daß sie nicht aufgehoben oder durch einen Amnestie- oder Begnadigungsakt umgewandelt ist.

2. Die Todesstrafe darf nicht an einer Person vollzogen werden, die körperlich oder geistig schwer krank ist, solange diese Krankheit dauert.

## Strafvollzug in Straf-Besserungsanstalten

Artikel 53

1. Die Strafe strengen Gefängnisses und Gefängnisses verbüßen die Verurteilten in Straf-Besserungsheimen oder in Gefängnissen.

2. Die Gefängnisstrafe bis zu sechs Monaten verbüßen die Verurteilten in Gefängnissen.

3. Männer und Frauen verbüßen die Strafen strengen Gefängnisses und Gefängnisses in getrennten Straf-Besserungsanstalten; sind sie aber in derselben Anstalt, dann voneinander getrennt.

4. Die zu strengem Gefängnis Verurteilten verbüßen diese Strafe getrennt von den zu Gefängnis Verurteilten.

5. Die Verurteilten verbüßen die Strafe strengen Gefängnisses beziehungsweise Gefängnisses gemeinschaftlich, ausnahmsweise einzeln.

6. Frauen verbüßen die Strafe strengen Gefängnisses und Gefängnisses während der letzten drei Monate einer Schwangerschaft und nach der Entbindung, bis das Kind das erste Lebensjahr zurückgelegt hat, im Schutzheim für verurteilte Wöchnerinnen.

## Arbeitspflicht der zu strengem Gefängnis und Gefängnis Verurteilten

Artikel 54

1. Die zur Strafe strengen Gefängnisses oder Gefängnisses Verurteilten sind im Falle ihrer Arbeitsfähigkeit verpflichtet zu arbeiten.

2. Die Arbeitszeit beträgt acht Stunden täglich.

3. Den zur Strafe strengen Gefängnisses Verurteilten werden in der Regel physische Arbeiten zugeteilt. Sind sie aber zu solchen Arbeiten unfähig, so sind sie verpflichtet, Beschäftigungen zu verrichten, zu denen sie fähig sind.

4. Den zu Gefängnisstrafen Verurteilten werden in der Regel Beschäftigungen zugeteilt, die ihrer Fachausbildung und ihren

Fähigkeiten entsprechen. Wird angeordnet, daß sie physische Beschäftigungen verrichten sollen, so sollen diese, insoweit sie ihrem früheren Berufe nicht entsprechen, leichterer Natur sein.

### Rechte der zu strengem Gefängnis und zu Gefängnis Verurteilten

Artikel 55

1. Den zu strengem Gefängnis und zu Gefängnis Verurteilten stehen folgende Rechte zu:

ein arbeitsfreier Tag in der Woche;
Arbeitslohn;
unentgeltliche ärztliche Pflege;
Recht auf Sozialversicherung im Falle eines Unfalles bei der Beschäftigung;
Recht auf Briefverkehr und Empfang von Besuch und Sendungen.

2. Die zur Gefängnisstrafe Verurteilten werden hinsichtlich des Rechtes auf Briefverkehr, Empfang von Besuch und Sendungen milder behandelt, als die zur Strafe strengen Gefängnisses Verurteilten.

### Bedingte Entlassung

Artikel 56

1. Ein Verurteilter, der die Hälfte der Strafe strengen Gefängnisses oder Gefängnisses verbüßt und durch seine Arbeitsleistung und sein Verhalten eine derartige Besserung an den Tag gelegt hat, daß zu erwarten ist, er werde künftighin keine strafbaren Handlungen begehen, kann aus der Strafabbüßung bedingt entlassen werden.

2. Tut sich der Verurteilte während der Strafverbüßung durch seine Arbeitsleistung und sein Verhalten besonders hervor, so kann er schon vor Abbüßung der Hälfte der Strafe strengen Gefängnisses bzw. Gefängnisses bedingt entlassen werden.

3. Unter der im 1. Absatz dieses Artikels genannten Bedingung kann ein zu lebenslänglichem strengem Gefängnis Verurteilter nach Abbüßung von fünfzehn Jahren strengen Gefängnisses entlassen werden.

4. Die bedingte Entlassung dauert bis zum Ablauf der Strafzeit; hinsichtlich derer, denen die Todesstrafe in lebenslängliches strenges Gefängnis umgewandelt worden ist, aber zehn Jahre vom Tage der Entlassung aus der Strafabbüßung.

### Widerruf der bedingten Entlassung

Artikel 57

1. Die bedingte Entlassung wird widerrufen, wenn der bedingt Entlassene während der bedingten Entlassung eine neue strafbare Handlung begeht, die ihrer Natur und Schwere nach darauf hin-

weist, daß Gründe für eine bedingte Entlassung nicht mehr vorliegen.

2. Im Falle des Widerrufes wird die Zeit der bedingten Entlassung auf die Strafe nicht angerechnet.

### Vollzug der Vermögenskonfiskation

Artikel 58

1. Beim Vollzug der Strafe der Vermögenskonfiskation hat das Gericht in den Grenzen des Gesetzes genau anzuordnen, welcher Teil des Vermögens eingezogen wird und welcher Teil zur Erhaltung des Verurteilten und seiner engeren Familie frei zu bleiben hat.

2. Das Verfahren hinsichtlich des Vollzuges der Vermögenskonfiskation wird durch ein besonderes Gesetz geregelt.

### Vollzug der Geldstrafe

Artikel 59

1. Erlegt der Verurteilte in der festgesetzten Zeit die Geldstrafe nicht, so wird sie zwangsweise vollstreckt.

2. Kann die Geldstrafe nicht erlegt werden, so wandelt sie das Gericht in Gefängnisstrafe um; hierbei rechnet es jede begonnenen zweihundert Dinar Geldstrafe als einen Tag Gefängnis; doch darf die Gefängnisstrafe die Dauer von sechs Monaten nicht überschreiten.

3. Bezahlt der Verurteilte nur einen Teil der Geldstrafe, so wird der Rest verhältnismäßig in Gefängnisstrafe umgewandelt. Bezahlt der Verurteilte den Rest der Geldstrafe, so wird der Vollzug der Gefängnisstrafe abgebrochen.

4. Nach dem Tode des Verurteilten wird die Geldstrafe nicht vollstreckt.

### Strafvollzugskosten

Artikel 60

Alle Strafen außer der Geldstrafe werden auf Staatskosten vollzogen.

## Fünftes Hauptstück

## Sicherungsmaßnahmen

### Unterbringung in einer Aufsichts- und Heilanstalt

Artikel 61

1. Stellt das Gericht fest, daß der Täter einer Tat unzurechnungsfähig oder vermindert zurechnungsfähig und für seine Umgebung gefährlich ist, so ordnet es dessen Unterbringung in einer Anstalt für Geisteskranke oder in einer anderen Aufsichts- und Heilanstalt an.

2. Die Entlassung aus der Anstalt ordnet das Gericht an, wenn es feststellt, daß eine weitere Festhaltung in der Anstalt nicht erforderlich ist.

3. Die Zeit, die der vermindert Zurechnungsfähige in der Anstalt zugebracht hat, wird in die Zeit der Verbüßung der Strafe strengen Gefängnisses oder Gefängnisses eingerechnet.

4. Ist zur Zeit der Entlassung aus der Anstalt die Strafzeit noch nicht abgelaufen, so wird der Rest der Strafe in einer Straf-Besserungsanstalt verbüßt. Wurde ein solcher Täter zu Gefängnisstrafe bis zu zwei Jahren verurteilt, so kann das Gericht bei der Entlassung aus der Anstalt darüber entscheiden, ob die Strafe zu verbüßen ist. Hierbei berücksichtigt es die Schwere der begangenen Tat, das Vorleben des Täters, sowie den Umstand, in welchem Maße der Aufenthalt in der Anstalt auf die Heilung des Täters gewirkt hat.

## Einziehung von Gegenständen

### Artikel 62

1. Gegenstände, die zur Begehung der strafbaren Handlung verwendet wurden oder dazu bestimmt waren, Gegenstände, die durch die Begehung der strafbaren Handlung entstanden sind, oder als Zuwendung für die Begehung der strafbaren Handlung erhalten wurden, können eingezogen werden, wenn sie im Eigentum des Täters stehen.

2. Diese Gegenstände können eingezogen werden, auch wenn sie nicht im Eigentum des Täters stehen, falls das Interesse der allgemeinen Sicherheit oder Gründe der Moral dies erfordern; doch dürfen hierbei Rechte dritter Personen, vom Täter Schadenersatz zu fordern, nicht beeinträchtigt werden.

## Verweisung aus dem Staatsgebiet

### Artikel 63

1. Bei der Verhängung einer Strafe gegen einen Ausländer kann das Gericht auch auf Landesverweisung aus dem Gebiet der FVRJ erkennen, wenn es der Ansicht ist, daß die Beweggründe, aus denen er die strafbare Handlung begangen hat, die Art der Ausführung der Tat oder andere Umstände darauf hinweisen, daß sein Aufenthalt im Staatsgebiet eine Gefahr bedeuten würde.

2. Auf Landesverweisung kann für dauernd oder für die Dauer von einem bis zu zehn Jahren erkannt werden.

3. Die Dauer der Landesverweisung wird von dem Tage an gerechnet, an dem die Hauptstrafe verbüßt, verjährt oder erlassen ist.

## Sechstes Hauptstück

# Anwendung von Strafen, Erziehungs-Besserungsmaßnahmen

### Sicherungsmaßnahmen gegen Minderjährige

### Maßnahmen gegen Kinder

Artikel 64

Ein Minderjähriger, der zur Zeit der Begehung der strafbaren Handlung das vierzehnte Lebensjahr noch nicht zurückgelegt hat, darf weder verfolgt oder bestraft werden, noch darf das Gericht gegen ihn Erziehungs-Besserungsmaßnahmen in Anwendung bringen. Ein solcher Minderjähriger wird dem Vormundschaftsorgan übergeben; dieses trifft die Entscheidung, ob der Minderjährige bei den Eltern oder beim Vormund verbleiben soll, oder es bringt gegen ihn andere Vormundschaftsmaßnahmen behufs Pflege und Erziehung in Anwendung.

### Anwendung von Erziehungs-Besserungsmaßnahmen gegen einen strafrechtlich nicht verantwortlichen Minderjährigen

Artikel 65

1. Gegen einen Minderjährigen, der strafrechtlich nicht verantwortlich ist (Art. 5 Abs. 2), bringt das Gericht folgende Erziehungs-Besserungsmaßnahmen in Anwendung:

1) Übergabe an die Eltern oder an den Vormund;
2) Überweisung in eine Erziehungsanstalt.

2. Das Gericht übergibt den Minderjährigen den Eltern oder dem Vormund, damit sie über ihn eine erhöhte Aufsicht führen und für seine Schulung Sorge tragen, wenn es feststellt, daß sie hierzu die Möglichkeit haben und daß diese Maßnahme mit Rücksicht auf sein Alter, Vorleben, mit Rücksicht auf die leichtere Natur der Tat und die Umstände, unter denen sie begangen worden ist, zur Besserung des Minderjährigen ausreicht.

3. Das Gericht überweist den Minderjährigen in eine Erziehungsanstalt, wenn seine Eltern bzw. sein Vormund nicht die Möglichkeit haben, über ihn eine erhöhte Aufsicht zu führen und für seine Schulung Sorge zu tragen, oder wenn es feststellt, daß die Übergabe an die Eltern oder an den Vormund keine ausreichende Maßnahme zur Besserung des Minderjährigen insbesondere mit Rücksicht auf sein Alter, Vorleben und auf die schwerere Natur der Tat bedeuten würde.

4. Ist der Minderjährige taubstumm oder blind, und erachtet das Gericht, daß eine Überweisung desselben in eine Erziehungsanstalt erforderlich wäre, so überweist es ihn in eine Anstalt für Taubstumme oder Blinde.

## Strafen, auf die gegen einen strafrechtlich verantwortlichen Minderjährigen nicht erkannt werden kann

Artikel 66

Gegen einen strafrechtlich verantwortlichen Minderjährigen dürfen folgende Strafen nicht verhängt werden: die Todesstrafe, Schmälerung bürgerlicher Rechte und dauerndes Verbot der Ausübung eines bestimmten Berufes.

## Bestrafung eines strafrechtlich verantwortlichen jüngeren Minderjährigen

Artikel 67

Ein Minderjähriger, der zur Zeit der Begehung der strafbaren Handlung das vierzehnte, nicht aber das sechzehnte Lebensjahr zurückgelegt hat (ein jüngerer Minderjähriger), darf nur dann bestraft werden, wenn er eine strafbare Handlung begeht, die das Gesetz mit einer Strafe bedroht, die strenger ist, als zehn Jahre strengen Gefängnisses.

## Anwendung von Erziehungs-Besserungsmaßnahmen gegen einen strafbaren rechtlich verantwortlichen jüngeren Minderjährigen

Artikel 68

1. Wegen strafbarer Handlungen, die das Gesetz mit einer Strafe bis zu zehn Jahren strengen Gefängnisses oder mit einer milderen Strafe bedroht, werden gegen einen jüngeren Minderjährigen folgende Erziehungs-Besserungsmaßnahmen zur Anwendung gebracht:

1) Verweis;

2) Überweisung in ein Erziehungs-Besserungsheim.

2. Ausnahmsweise kann das Gericht die Erziehungs-Besserungsmaßnahme der Überweisung in ein Erziehungs-Besserungsheim auch gegen einen jüngeren Minderjährigen, der eine strafbare Handlung begangen hat, die das Gesetz mit einer schwereren Strafe als mit zehn Jahren strengen Arrestes bedroht, anwenden, wenn es mit Rücksicht auf seine geistige Entwicklung, mit Rücksicht auf die Natur der Tat und die Umstände, unter denen sie begangen worden ist, zu der Ansicht kommt, daß der Besserungs- und Erziehungszweck auch ohne Anwendung von Strafe verwirklicht werden kann.

## Verweis

Artikel 69

Einem jüngeren Minderjährigen, der eine leichtere strafbare Handlung begangen hat, erteilt das Gericht einen Verweis, wenn es feststellt, daß diese Maßnahme mit Rücksicht auf die geistige Entwicklung des jüngeren Minderjährigen, mit Rücksicht auf die Natur der Tat und die Umstände, unter denen sie begangen worden ist, zu dessen Besserung ausreicht.

### Überweisung in ein Erziehungs-Besserungsheim

Artikel 70

Das Gericht überweist den jüngeren Minderjährigen in ein Erziehungs-Besserungsheim, wenn es der Ansicht ist, daß es mit Rücksicht auf die Schwere der Tat oder mit Rücksicht auf seine Verwahrlosung oder Verdorbenheit erforderlich erscheint, gegen ihn strengere Besserungsmaßnahmen anzuwenden.

### Strafrechtliche Verantwortlichkeit älterer Minderjähriger

Artikel 71

Gegen einen Minderjährigen, der zur Zeit der Begehung der strafbaren Handlung das sechzehnte Lebensjahr zurückgelegt hat (ein älterer Minderjähriger), werden Strafen in Anwendung gebracht. Hat er jedoch eine strafbare Handlung begangen, die das Gesetz mit strengem Gefängnis unter fünf Jahren oder mit einer milderen Strafe bedroht, so kann das Gericht gegen ihn die Erziehungs-Besserungsmaßnahme der Überweisung in ein Erziehungs-Besserungsheim in Anwendung bringen.

### Strafbemessung gegen strafrechtlich verantwortliche Minderjährige

Artikel 72

1. Bei der Strafbemessung gegen einen Minderjährigen bringt das Gericht die allgemeine Regel über die Strafbemessung (Art. 38) in Anwendung; hierbei hat es aber insbesondere auf den Grad der geistigen Entwicklung des Minderjährigen Rücksicht zu nehmen.

2. Wegen einer vom Gesetz mit Todesstrafe bedrohten strafbaren Handlung kann ein älterer Minderjähriger mit strengem Gefängnis nicht über fünfzehn Jahre, ein jüngerer Minderjähriger aber nicht über zehn Jahre bestraft werden.

3. Wegen einer vom Gesetz mit strengem Gefängnis über zehn Jahre bedrohten strafbaren Handlung kann ein älterer Minderjähriger mit strengem Gefängnis nicht über zehn Jahre, ein jüngerer Minderjähriger aber nicht über acht Jahre bestraft werden.

4. Für die Strafmilderung hinsichtlich eines Minderjährigen werden die Bestimmungen der Art. 42 und 43 dieses Gesetzbuches in Anwendung gebracht.

### Dauer der Erziehungs-Besserungsmaßnahmen

Artikel 73

1. Ordnet das Gericht die Überweisung eines Minderjährigen in eine Erziehungsanstalt oder in ein Erziehungs-Besserungsheim an, so bestimmt es die Zeit, die der Minderjährige in der Anstalt bzw. im Heim zu verbleiben hat.

2. In der Erziehungsanstalt verbleibt der Minderjährige wenigstens ein Jahr, längstens drei Jahre; im Erziehungs-Besserungsheim wenigstens ein Jahr, längstens fünf Jahre.

## Abänderung der gerichtlichen Entscheidung über Erziehungs-Besserungsmaßnahmen

Artikel 74

1. Das Gericht kann die Zeit des Verbleibens in der Erziehungsanstalt oder im Erziehungs-Besserungsheim abkürzen; es kann aber auch die Entlassung aus der Erziehungsanstalt bzw. aus dem Erziehungs-Besserungsheim anordnen, wenn es erwiesen ist, daß sich der Minderjährige gebessert hat.

2. Das Gericht kann die Entscheidung über die Entlassung widerrufen, wenn der Minderjährige mit seiner Arbeit und seinem Verhalten bezeugt, daß seine Rückversetzung in die Erziehungsanstalt oder in das Erziehungs-Besserungsheim erforderlich erscheint. Ein Widerruf der Entscheidung über die Entlassung ist zulässig, solange der Minderjährige das achtzehnte Lebensjahr noch nicht zurückgelegt hat.

## Beendigung der Erziehungs-Besserungsmaßnahmen im Falle einer Strafverhängung

Artikel 75

Wird der Minderjährige im Laufe der Vollstreckung einer Erziehungs-Besserungsmaßnahme wegen einer strafbaren Handlung zu strengem Gefängnis oder Gefängnis verurteilt, so endet die angeordnete Erziehungs-Besserungsmaßnahme, sobald der Minderjährige die Strafverbüßung beginnt.

## Wirkung der Anwendung von Erziehungs-Besserungsmaßnahmen

Artikel 76

Ein Minderjähriger, gegen den eine Erziehungs-Besserungsmaßnahme angewendet worden ist, gilt als nicht verurteilt.

## Vollzug strengen Gefängnisses und Gefängnisses

Artikel 77

1. Verurteilte Minderjährige verbüßen die Strafe strengen Gefängnisses und Gefängnisses bis zur Volljährigkeit[1]) in der Regel im Straf-Besserungsheim für Minderjährige.

2. Die Wahl der Beschäftigung für verurteilte Minderjährige wird nach ihren physischen Fähigkeiten und Neigungen zu einer besonderen Art von Beschäftigung getroffen, so daß sie nach verbüßter Strafe fachlich so gut als möglich zu ihrer Arbeit befähigt sind.

---

[1]) 18. Lebensjahr.

3. Die Arbeitszeit der verurteilten Minderjährigen wird so angeordnet, daß ihnen der Schulbesuch für allgemeine Ausbildung oder für ihre Befähigung im Fache ermöglicht wird.

**Rehabilitation verurteilter Minderjähriger**

Artikel 78

Bei Anwendung der Vorschriften dieses Gesetzbuches über gesetzliche und richterliche Rehabilitation zugunsten Minderjähriger werden die in diesen Vorschriften angeführten Fristen auf die Hälfte abgekürzt.

**Anwendung von Sicherungsmaßnahmen gegen Minderjährige**

Artikel 79

Die Bestimmungen der Art. 61—63 dieses Gesetzbuches werden auch gegen Minderjährige angewendet.

Siebentes Hauptstück

# Erlöschen der Strafe, Rehabilitation

## 1. Verjährung

### Verfolgungsverjährung

Artikel 80

1. Die Strafverfolgung kann nicht eingeleitet werden nach Verlauf von:

1) fünfundzwanzig Jahren seit der Begehung strafbarer Handlungen, deretwegen nach dem Gesetze auf Todesstrafe erkannt werden kann, oder seit der Begehung der in den Art. 104 Abs. 3, 107, 108, 109, 110 Abs. 2, 112, 116 Abs. 2, 117, 118 und 121 dieses Gesetzbuches beschriebenen strafbaren Handlungen;
2) fünfzehn Jahren seit der Begehung einer strafbaren Handlung, deretwegen nach dem Gesetz auf strenges Gefängnis über zehn Jahre erkannt werden kann;
3) zehn Jahren seit der Begehung einer strafbaren Handlung, deretwegen nach dem Gesetz auf strenges Gefängnis von fünf bis zu zehn Jahren erkannt werden kann;
4) fünf Jahren seit der Begehung einer strafbaren Handlung, deretwegen nach dem Gesetz auf strenges Gefängnis bis zu fünf Jahren oder auf Gefängnis über zwei Jahre erkannt werden kann;
5) zwei Jahren seit der Begehung einer strafbaren Handlung, deretwegen nach dem Gesetz auf Gefängnis bis zu zwei Jahren oder auf Geldstrafe erkannt werden kann.

2. Sind auf eine strafbare Handlung mehrere Strafen angedroht, so wird die Verjährungsfrist nach der schwersten angedrohten Strafe bestimmt.

## Lauf und Unterbrechung der Verfolgungsverjährung

Artikel 81

1. Die Strafverfolgungsverjährung beginnt mit dem Tage, an dem die strafbare Handlung begangen worden ist.

2. Die Verjährung ruht während der Zeit, in der die Verfolgung nach dem Gesetz nicht begonnen oder fortgesetzt werden kann.

3. Die Verjährung wird unterbrochen durch jede Handlung, die vom zuständigen Staatsorgan behufs Verfolgung des Täters wegen der begangenen strafbaren Handlung unternommen wird.

4. Die Verjährung wird auch unterbrochen, wenn der Täter in der Verjährungsfrist eine ebenso schwere oder schwerere strafbare Handlung begeht.

5. Mit jeder Unterbrechung beginnt eine neue Verjährung.

6. Die Strafverfolgung verjährt in jedem Falle mit dem Ablauf des Doppelten der Zeit, die nach dem Gesetz für die Verjährung der Strafverfolgung erforderlich ist.

## Strafvollzugsverjährung

Artikel 82

Die verhängte Strafe darf nicht vollzogen werden nach dem Ablauf von:

1. fünfundzwanzig Jahren seit der Verurteilung zu Todesstrafe oder zu lebenslänglichem strengem Gefängnis;
2. fünfzehn Jahren seit der Verurteilung zu strengem Gefängnis über zehn Jahre;
3. zehn Jahren seit der Verurteilung zu strengem Gefängnis von fünf bis zu zehn Jahren;
4. fünf Jahren seit der Verurteilung zu strengem Gefängnis bis zu fünf Jahren oder zu Gefängnis über zwei Jahre;
5. zwei Jahren seit der Verurteilung zu Gefängnis bis zu zwei Jahren oder zu Geldstrafe.

## Lauf und Unterbrechung der Verjährung des Strafvollzuges

Artikel 83

1. Die Verjährung des Strafvollzuges beginnt mit dem Tage der Rechtskraft des Urteiles, bei bedingter Verurteilung mit dem Tage der rechtskräftigen Anordnung ihres Vollzuges.

2. Die Verjährung ruht während der Zeit, in der der Strafvollzug nach dem Gesetz nicht stattfinden kann.

3. Die Verjährung wird unterbrochen durch jede Handlung, die vom zuständigen Staatsorgan behufs Strafvollzuges vorgenommen wird.

4. Mit der Unterbrechung beginnt eine neue Verjährung.

5. Der Strafvollzug verjährt in jedem Falle mit dem Ablauf des Doppelten der Zeit, die nach dem Gesetze für die Verjährung des Strafvollzuges erforderlich ist.

## 2. Amnestie und Begnadigung

### Amnestie

Artikel 84

Den in den Amnestieakt Einbezogenen wird Nachsehen von Verfolgung, vollkommenes oder teilweises Erlassen des Strafvollzuges, Umwandlung der verhängten Strafe in eine mildere oder Nachsehen der Rechtsfolgen der Verurteilung gewährt.

### Begnadigung

Artikel 85

Durch Begnadigung wird namentlich bestimmten Personen Nachsehen von Verfolgung, vollkommener oder teilweiser Erlaß des Strafvollzuges, Umwandlung der verhängten Strafe in eine mildere oder Nachsehen der Rechtsfolgen der Verurteilung gewährt.

### Gemeinsame Bestimmungen über Amnestie und Begnadigung

Artikel 86

1. Ist durch einen Amnestie- oder Begnadigungsakt vollkommenes Nachsehen der Haupt- und Nebenstrafe gewährt, so gilt der in die Amnestie oder Begnadigung Einbezogene wegen der strafbaren Handlungen, auf die sich die Amnestie oder Begnadigung bezieht, als nicht verurteilt.

2. Mit dem Gewähren von Amnestie oder Begnadigung bleiben Rechte dritter Personen, die sich auf das Urteil gründen, unberührt.

## 3. Rehabilitation

### Der allgemeine Begriff der Rehabilitation

Artikel 87

1. Durch die Rehabilitation wird die Verurteilung gelöscht und alle ihre Rechtsfolgen getilgt; der Verurteilte gilt als nicht verurteilt.

2. Durch die Rehabilitation nehmen auch die noch nicht verbüßten Nebenstrafen ihr Ende.

3. Die Rehabilitation wird kraft Gesetzes (gesetzliche Rehabilitation) oder auf Gesuch des Verurteilten durch gerichtliche Entscheidung (gerichtliche Rehabilitation) gewährt.

4. Durch die Rehabilitation bleiben Rechte dritter Personen, die sich auf das Urteil gründen, unberührt.

## Gesetzliche Rehabilitation

### Artikel 88

1. Der gesetzlichen Rehabilitation werden nur Personen teilhaftig, die vorher noch nicht verurteilt waren oder die nach dem Gesetze als nicht verurteilt gelten.

2. Der gesetzlichen Rehabilitation ist teilhaftig:

1) der Verurteilte, von dessen Bestrafung abgesehen wurde, wenn er binnen Jahresfrist vom Tage der Rechtskraft des Urteiles an keine neue strafbare Handlung begeht;

2) der zu Geldstrafe oder Gefängnis bis zu sechs Monaten Verurteilte, wenn er in der Frist von drei Jahren vom Tage, an dem die Strafe verbüßt, verjährt oder erlassen ist, keine neue strafbare Handlung begeht;

3) der zu Gefängnis über sechs Monate bis zu zwei Jahren Verurteilte, wenn er in der Frist von fünf Jahren vom Tage, an dem die Strafe verbüßt, verjährt oder erlassen ist, keine neue strafbare Handlung begeht.

## Gerichtliche Rehabilitation

### Artikel 89

1. Die gerichtliche Rehabilitation kann nur Personen gewährt werden, die zu Gefängnis von mehr als zwei Jahren oder zu strengem Gefängnis verurteilt worden sind, jedoch vorher noch nicht verurteilt waren oder nach dem Gesetze als nicht verurteilt gelten, sowie Personen, die öfters verurteilt worden sind.

2. Dem zu Gefängnis von mehr als zwei Jahren oder zu strengem Gefängnis Verurteilten, der vorher noch nicht verurteilt war oder nach dem Gesetz als nicht verurteilt gilt, kann das Gericht nach Ablauf von acht Jahren vom Tage, an dem die Strafe verbüßt, verjährt oder erlassen ist, Rehabilitation gewähren, wenn es feststellt, daß er durch sein Verhalten die Rehabilitation verdient und den durch die strafbare Handlung verursachten Schaden, soweit es in seiner Möglichkeit gelegen war, ersetzt hat.

3. Wurde jemand öfters verurteilt, so kann ihm das Gericht Rehabilitation gewähren, sobald alle Fristen abgelaufen sind, die hinsichtlich der einzelnen Verurteilungen in diesem Gesetzbuche für die Rehabilitation vorgesehen sind. Bei der Beurteilung, ob in einem solchen Falle Rehabilitation zu gewähren sei, berücksichtigt das Gericht das Verhalten des Verurteilten, sein Streben, den durch die strafbare Handlung verursachten Schaden, soweit es in seiner Möglichkeit gelegen ist, zu ersetzen, und die Schwere und Natur der begangenen strafbaren Handlungen.

Achtes Hauptstück

# Die Geltung des Strafgesetzes

## Zeitliche Geltung des Strafgesetzes

Artikel 90

1. Die Verantwortlichkeit für strafbare Handlungen wird nach dem Strafgesetze beurteilt, das zur Zeit der Begehung der strafbaren Handlung in Geltung war.

2. Das neue Strafgesetz findet auch auf Taten Anwendung, die vor dessen Inkrafttreten begangen worden sind, wenn es für den Täter milder ist.

## Anwendung des Strafgesetzes auf jedermann, der auf dem Gebiete der FVRJ eine strafbare Handlung begeht

Artikel 91

1. Das Strafgesetz der FVRJ findet auf jedermann Anwendung, der innerhalb des Gebietes der FVRJ eine strafbare Handlung begeht.

2. Das Strafgesetz der FVRJ findet auch auf jedermann Anwendung, der auf einem inländischen Handelsschiff oder Reiseluftfahrzeug auf offenem Meere, oder auf einem inländischen Kriegsschiffe oder Kriegsluftfahrzeug eine strafbare Handlung begeht, ohne Rücksicht darauf, wo sich dieselben zur Zeit der Begehung der strafbaren Handlung befunden haben.

## Anwendung des Strafgesetzes auf jedermann, der im Auslande strafbare Handlungen bestimmter Art begeht

Artikel 92

Dieses Strafgesetz findet auf jedermann Anwendung, der außerhalb des Gebietes der FVRJ eine in diesem Strafgesetzbuch in den Art. 100 bis 112, 114 bis 118, 120, 121 und Art. 221, insoweit sich die Tat auf inländisches Geld bezieht, beschriebene strafbare Handlung begeht.

## Anwendung des Strafgesetzes auf einen Staatsbürger der FVRJ, der im Auslande strafbare Handlungen begeht

Artikel 93

Das Strafgesetz der FVRJ findet auf den Staatsbürger der FVJR Anwendung, auch wenn er im Auslande eine andere, im Art. 92 dieses Gesetzbuches nicht angeführte strafbare Handlung begeht, falls er innerhalb des Gebietes der FVRJ ergriffen oder ausgeliefert wird.

## Anwendung des Strafgesetzes auf einen Ausländer, der im Auslande strafbare Handlungen begeht

### Artikel 94

1. Das Strafgesetz der FVRJ findet auf einen Ausländer Anwendung, der außerhalb des Gebietes der FVRJ gegen dieselbe oder gegen ihren Staatsbürger eine andere, im Art. 92 nicht angeführte strafbare Handlung begeht, deretwegen nach dem Gesetze mindestens auf Gefängnisstrafe erkannt werden kann, falls er innerhalb des Gebietes der FVRJ ergriffen oder ausgeliefert wird.

2. Das Strafgesetz der FVRJ findet auch auf einen Ausländer Anwendung, der gegen einen fremden Staat oder gegen einen Ausländer im Auslande eine strafbare Handlung begeht, deretwegen nach diesem Gesetze auf strenges Gefängnis von fünf Jahren oder auf eine schwerere Strafe erkannt werden kann, wenn er innerhalb des Gebietes der FVRJ ergriffen und einem fremden Staate nicht ausgeliefert wird. Das Gericht kann in einem solchen Falle keine schwerere Strafe verhängen, als eine solche, die im Gesetze des Staates, wo die strafbare Handlung begangen wurde, vorgesehen ist.

## Verfolgung wegen strafbarer Handlungen, die im Auslande begangen sind

### Artikel 95

1. In den Fällen, die in den Art. 93 und 94 dieses Gesetzbuches vorgesehen sind, findet eine Verfolgung nicht statt:

1) wenn der Täter die Strafe, zu der er im Auslande verurteilt worden ist, vollständig verbüßt hat;
2) wenn der Täter im Auslande durch rechtskräftiges Urteil freigesprochen oder wenn die Strafe verjährt oder erlassen ist;
3) wenn die strafbare Handlung nach dem ausländischen Gesetz nur auf Antrag oder Privatanklage verfolgt wird, diese aber nicht eingebracht bzw. erhoben sind.

2. In den Fällen, die im Art. 93 und 94 dieses Gesetzbuches vorgesehen sind, wird eine Verfolgung nur dann eingeleitet, wenn die strafbare Handlung auch nach den Gesetzen des Staates, wo sie begangen wurde, strafbar ist. Ist in diesen Fällen die Tat nach den Gesetzen des Staates, wo sie begangen wurde, nicht strafbar, so wird die Verfolgung nur auf Verlangen des Justizministers der FVRJ eingeleitet.

## Anrechnung der im Auslande verbüßten Strafe

### Artikel 96

Die Strafe, die der Täter nach dem Urteile des ausländischen Gerichtes wegen derselben strafbaren Handlung verbüßt hat, wird auf die vom inländischen Gericht verhängte Strafe angerechnet. Sind die Strafen nicht gleicher Art, so findet die Anrechnung nach richterlichem Ermessen statt.

### Auslieferung und Asylrecht

Artikel 97

1. Ein Staatsbürger der FVRJ darf einem ausländischen Staate nicht ausgeliefert werden.

2. Die Auslieferung eines Ausländers findet nach internationalen Verträgen statt, mangels solcher nach dem Gesetz der FVRJ.

3. Die Auslieferung ist nicht statthaft, wenn die Tat, deretwegen sie verlangt wird, nicht auch im inländischen Gesetz als strafbare Handlung vorgesehen ist.

4. Die FVRJ verweigert die Auslieferung von Ausländern, die wegen ihrer Betätigung für demokratische Grundsätze, die nationale Befreiung, für die Rechte des arbeitenden Volkes und für die Freiheit wissenschaftlicher und kultureller Betätigung verfolgt werden.

### Das Verhältnis zwischen diesem Gesetzbuche und besonderen Strafgesetzen des Bundes und der Republiken

Artikel 98

1. Die Bestimmungen des allgemeinen Teiles dieses Gesetzbuches haben für alle Gesetze der FVRJ und der Volksrepubliken Geltung, die strafrechtliche Bestimmungen enthalten.

2. Durch die Strafgesetze der Volksrepubliken dürfen weder die strafbaren Handlungen noch die Strafen, die in diesem Gesetzbuche und in anderen Bundesgesetzen vorgesehen sind, abgeändert werden.

## Neuntes Hauptstück

# Die Bedeutung gesetzlicher Ausdrücke

Artikel 99

1. Amtsperson im Sinne dieses Gesetzbuches ist:

a) ein Staatsbediensteter;

b) ein Bediensteter in einem Unternehmen oder in einer Anstalt einer gesellschaftlichen Organisation;

c) ein gewählter Funktionär mit dauernder Funktion in Vertretungskörpern oder bei den Vollzugsorganen dieser Vertretungskörper;

d) derjenige, der bestimmte Amtspflichten auf Grund gesetzlicher Ermächtigung oder auf Grund einer Ermächtigung ausübt, die durch andere gesetzliche Vorschriften erteilt ist. Amtsperson ist auch eine Militärperson, wenn es auf strafbare Handlungen gegen die Amtspflicht ankommt, die im Hauptstück von den strafbaren Handlungen gegen die bewaffnete Macht nicht enthalten sind.

2. Militärpersonen im Sinne dieses Gesetzbuches sind: Soldaten, Unteroffiziere, Offiziere, Militärbeamte in ständigem Dienste bei der bewaffneten Macht, Personen während einer Waffenübung oder Personen, die andere Militärpflichten verrichten, Militärzöglinge oder Militärstipendiaten unter Militärkommando und Mitglieder der Volksmiliz.

3. Personen im Dienste der bewaffneten Macht sind: Staatsbedienstete, Arbeiter und Lehrlinge in der Volkswirtschaft, die in Anstalten oder Unternehmen beschäftigt sind, die dauernd oder zeitweilig unter Verwaltung militärischer Organe stehen.

4. Als Gebiet der FVRJ gilt auch das Küstenmeer und der Luftraum über ihrem Festland und ihrer Wasserfläche.

5. Gesellschaftliches Vermögen im Sinne dieses Gesetzbuches ist: das allgemeine Volksvermögen, Genossenschaftsvermögen und das Vermögen gesellschaftlicher Organisationen.

6. Urkunde im Sinne dieses Gesetzbuches ist jeder Gegenstand, der geeignet oder bestimmt ist, als Beweis einer Tatsache zu dienen, die für Rechtsverhältnisse von Bedeutung ist.

7. Geld im Sinne dieses Gesetzbuches ist Metallgeld und Papiergeld, das in der FVRJ oder im Auslande auf Grund Gesetzes in Umlauf ist.

8. Wertzeichen im Sinne dieses Gesetzbuches sind auch ausländische Wertzeichen. Wertzeichen sind auch inländische und ausländische Briefmarken, die nicht mehr im Verkehr sind.

9. Als bewegliche Sache im Sinne dieses Gesetzbuches gilt auch jede zur Gewinnung von Licht, Wärme oder Bewegung erzeugte oder gesammelte Energie.

10. Gewalt im Sinne dieses Gesetzbuches ist auch die Anwendung von Hypnose oder betäubender Mittel in der Absicht, jemanden gegen dessen Willen in einen Zustand von Bewußtlosigkeit zu versetzen oder ihn zur Gegenwehr unfähig zu machen.

## Besonderer Teil

### Zehntes Hauptstück

# Strafbare Handlungen gegen Volk und Staat

### Konterrevolutionärer Angriff auf die Staats- und Gesellschaftsordnung

#### Artikel 100

Wer eine Handlung begeht, die darauf abzielt, die Herrschaft des arbeitenden Volkes durch Gewalt oder auf andere verfassungswidrige Art zu stürzen oder die gewählten, durch die Verfassung bestimmten Vertretungskörper des Bundes, der Republiken, autonomen Länder oder die lokalen Vertretungskörper, sowie ihre Vollzugsorgane zu beseitigen; oder wer eine Handlung begeht, die darauf abzielt, die wirtschaftliche Grundlage des sozialistischen Ausbaues zu untergraben; oder wer eine Handlung begeht, die darauf abzielt, die Einheit der Nationen der FVRJ zu sprengen oder die föderative Staatsordnung durch Gewalt oder auf andere verfassungswidrige Art abzuändern,

wird mit strengem Gefängnis oder mit dem Tode bestraft.

## Gefährdung der territorialen Einheit und Unabhängigkeit des Staates

Artikel 101

1. Wer eine Handlung begeht, die darauf abzielt, von der FVRJ eine Volksrepublik oder ein autonomes Land oder einen Teil ihres Gebietes durch Gewalt oder auf andere verfassungswidrige Art abzutrennen,

wird mit strengem Gefängnis nicht unter fünf Jahren oder mit dem Tode bestraft.

2. Mit derselben Strafe wird bestraft, wer eine Handlung begeht, die darauf abzielt, die FVRJ in einen Zustand von Unterordnung oder Abhängigkeit gegenüber einem fremden Staate zu bringen.

## Untergraben der militärischen und Abwehrkraft des Staates

Artikel 102

1. Wer Verteidigungsobjekte, Stellungen, Waffen oder andere Kriegs- und Verteidigungsmittel zerstört, unbrauchbar macht oder ermöglicht, daß sie dem Feinde in die Hände fallen, oder wer dem Feinde Truppen übergibt, oder auf andere Art militärische oder Verteidigungsmaßnahmen stört oder gefährdet,

wird mit strengem Gefängnis nicht unter drei Jahren oder mit dem Tode bestraft.

2. Ein Bürger der FVRJ, der die Handlung aus dem 1. Abs. dieses Artikels in der Absicht begeht, dem Feinde Hilfe zu leisten,

wird mit strengem Gefängnis nicht unter fünf Jahren oder mit dem Tode bestraft.

## Tötung eines Repräsentanten der Volksgewalt und gesellschaftlicher Organisationen

Artikel 103

1. Wer in der Absicht, die Volksgewalt oder den sozialistischen Aufbau zu untergraben, ein Mitglied eines Vertretungskörpers oder ein Mitglied eines Vollzugsorganes eines Vertretungskörpers tötet[1]),

wird mit strengem Gefängnis nicht unter zehn Jahren oder mit dem Tode bestraft.

---

[1]) Das Gesetz gebraucht die Redewendung „das Leben nimmt".

2. Wer in derselben Ansicht eine Militär- oder Amtsperson, einen Repräsentanten einer genossenschaftlichen oder anderen gesellschaftlichen Organisation oder einen öffentlichen Arbeiter[1]) tötet,

wird mit strengem Gefängnis nicht unter fünf Jahren oder mit dem Tode bestraft.

## Bewaffneter Aufstand

Artikel 104

1. Wer zu einem bewaffneten Aufstand Vorbereitungen trifft,

wird mit strengem Gefängnis nicht unter drei Jahren oder mit dem Tode bestraft.

2. Ist der bewaffnete Aufstand ausgebrochen, so werden Organisatoren und Rädelsführer

mit strengem Gefängnis nicht unter zehn Jahren oder mit dem Tode bestraft.

3. Die am bewaffneten Aufstand Beteiligten werden

mit strengem Gefängnis bestraft.

## Spionage

Artikel 105

1. Wer vertrauliche militärische, ökonomische oder amtliche Daten oder Dokumente einem fremden Staate, einer fremden Organisation oder jemandem, der in ihren Diensten steht, mitteilt oder übergibt, oder wer sich solche Daten oder Dokumente in der Absicht verschafft, sie einem fremden Staate, einer fremden Organisation oder jemandem, der in ihren Diensten steht, zu übergeben,

wird mit strengem Gefängnis nicht unter drei Jahren oder mit dem Tode bestraft.

2. Mit derselben Strafe wird bestraft, wer auf Rechnung eines fremden Staates oder einer fremden Organisation einen Nachrichtendienst einrichtet, in einen solchen Dienst tritt oder seine Tätigkeit unterstützt.

## Dienstleistung im feindlichen Heere zu Kriegszeiten

Artikel 106

1. Ein Bürger der FVRJ, der zu Kriegszeiten im feindlichen Heere oder in anderen feindlichen bewaffneten Formationen Dienste leistet, oder sich am Kriege gegen die FVRJ oder ihre Verbündeten als Kämpfer beteiligt,

wird mit strengem Gefängnis nicht unter drei Jahren oder mit dem Tode bestraft.

---

[1]) Z. B. Politiker.

2. Wer Bürger der FVRJ zum Dienste im feindlichen Heere oder in anderen feindlichen bewaffneten Formationen oder zur Beteiligung am Kriege gegen die FVRJ oder ihre Verbündeten anwirbt,

wird mit strengem Gefängnis nicht unter fünf Jahren oder mit dem Tode bestraft.

### Hilfeleistung für den Feind in Kriegszeiten

Artikel 107

Ein Bürger der FVRJ, der in Kriegszeiten dem Feinde bei der Vornahme von Requisitionen, Wegnahme von Lebensmitteln oder anderen Gütern oder bei der Durchführung anderer Zwangsmaßnahmen gegen die Bevölkerung der FVRJ Hilfe leistet,

wird mit strengem Gefängnis bestraft.

### Politische und wirtschaftliche Dienstleistung[1]) für den Feind

Artikel 108

Ein Bürger der FVRJ, der zu Kriegszeiten dem Feinde politische oder wirtschaftliche Dienste leistet[2]),

wird mit strengem Gefängnis nicht unter zwei Jahren bestraft.

### Beteiligung an feindlicher Tätigkeit gegen die FVRJ

Artikel 109

Ein Bürger der FVRJ, der in der Absicht die Staats- und Gesellschaftsordnung zu stürzen oder in der Absicht einer anderen feindlichen Tätigkeit gegen die FVRJ mit einem fremden Staate, einer fremden Organisation oder mit einer bestimmten fremden Vereinigung oder Flüchtlingsgruppe in Verbindung tritt oder ihnen bei der Ausübung ihrer feindlichen Tätigkeit Hilfe leistet,

wird mit strengem Gefängnis bestraft.

### Flucht behufs feindlicher Tätigkeit

Artikel 110

1. Ein Bürger der FVRJ, der behufs feindlicher Tätigkeit gegen sein Vaterland ins Ausland flüchtet, oder die Flucht vorbereitet, oder unbefugt im Auslande verbleibt,

wird mit strengem Gefängnis bis zu zwölf Jahren bestraft.

2. Wer Vereinigungen gründet, um Flüchtlinge ins Ausland zu schaffen oder wer einer derartigen Vereinigung als Mitglied beitritt,

wird mit Gefängnis nicht unter zwei Jahren bestraft.

---

[1]) „Suradnja" wörtlich: Kollaboration.
[2]) Wörtlich: kollaboriert (suradjnje).

## Organisieren und Schaffen bewaffneter Gruppen, Einzelpersonen und Material auf das Gebiet der FVRJ

Artikel 111

1. Wer bewaffnete Gruppen, einzelne Terroristen, Spione, Agitatoren, Waffen, Munition oder Propagandamaterial auf das Gebiet der FVRJ schafft,

wird mit strengem Gefängnis nicht unter drei Jahren oder mit dem Tode bestraft.

2. Wer eine Gruppe zur Begehung einer in Abs. 1 genannten Handlung organisiert oder als Mitglied zu einer solchen Vereinigung beitritt,

wird mit strengem Gefängnis nicht unter fünf Jahren oder mit dem Tode bestraft.

## Abschluß eines Staatsvertrages zum Nachteil der FVRJ

Artikel 112

Wer in der Eigenschaft als Repräsentant der FVRJ oder einer Volksrepublik durch Mißbrauch oder Überschreitung seiner Vollmacht einen Vertrag abschließt oder die ihm anvertraute wichtige Aufgabe einer fremden Regierung, internationalen oder fremden Organisation oder Anstalt gegenüber zum Nachteil des Volkes und Staates durchführt,

wird mit strengem Gefängnis bestraft.

## Verletzung der territorialen Souveränität

Artikel 113

1. Wer unter Verletzung der Regeln des internationalen Rechtes auf das Gebiet der FVRJ eindringt,

wird mit Gefängnis nicht unter sechs Monaten oder mit strengem Gefängnis bis zu zwölf Jahren bestraft.

2. Die Beförderungsmittel, die zur Begehung der in Abs. 1 genannten Handlung benützt worden sind, können eingezogen werden.

## Zerstörung wichtiger Volkswirtschaftsobjekte

Artikel 114

Wer in der Absicht, die Volksgewalt oder Volkswirtschaft zu untergraben, durch Zerstören, Verbrennen oder auf andere Art Gesellschaftsvermögen vernichtet oder beschädigt, insbesondere: eine Industrie-, Verkehrs- oder andere Vorrichtung, eine Brücke, Fabrik, Wasserleitung, Schutzwehr, Fernleitung, ein Verkehrsmittel, ein Verbindungsmittel, ein Silo, Magazin, einen Lagerraum, ein Gebäude, größere Mengen aufgespeicherter Volksnahrung oder Viehfutter, Vorräte von Material und Waren, oder Privatvermögen, das für die Volkswirtschaft von größerer Bedeutung ist,

wird mit strengem Gefängnis nicht unter drei Jahren oder mit dem Tode bestraft.

## Sabotage

Artikel 115

Wer in der Absicht, die Volksgewalt oder Volkswirtschaft zu untergraben, auf heimliche, hinterlistige oder andere ähnliche Art seine Amtspflicht oder Arbeitsverpflichtung nicht erfüllt oder nicht ordnungsgemäß erfüllt, oder in der Ausübung dieser Amtspflicht oder Arbeitsverpflichtung Produktionsmittel beschädigt und durch diese Handlungen Verderben oder Zugrundegehen von Vorrichtungen, erheblicher Mengen von Erzeugnissen, Waren oder Material, oder Niederreißen oder Ausbesserungen schlecht gebauter Bauobjekte, oder Desorganisation, Arbeitsstillstand oder Nichtausführung des Planes in staatlichen und gesellschaftlichen Anstalten und Unternehmen verursacht,

wird mit strengem Gefängnis nicht unter zwei Jahren oder mit dem Tode bestraft.

## Gewalttätigkeit gegen einen Repräsentanten der Volksgewalt und gesellschaftlicher Organisationen

Artikel 116

1. Wer gegen ein Mitglied eines Vertretungskörpers, gegen ein Mitglied eines Vollzugsorganes eines Vertretungskörpers, gegen einen Repräsentanten einer genossenschaftlichen oder anderen gesellschaftlichen Organisation, gegen einen militärischen Vorgesetzten oder öffentlichen Arbeiter in bezug auf seine amtliche oder politische Tätigkeit oder in der Absicht, sie in der Ausübung einer derartigen Tätigkeit zu hindern, eine Gewalttätigkeit ausübt,

wird mit strengem Gefängnis bis zu zehn Jahren bestraft.

2. Wer durch Brandstiftung, Zerstörung oder auf andere Art ein Gebäude oder anderes Vermögen von größerem Werte der in Abs. 1 angeführten Personen in bezug auf ihre amtliche oder politische Tätigkeit oder in der Absicht, sie in der Ausübung einer derartigen Tätigkeit zu hindern, vernichtet oder schwer beschädigt,

wird mit strengem Gefängnis nicht unter einem Jahre bestraft.

3. Ist infolge der in Abs. 1 genannten Handlung eine schwere Körperverletzung oder der Tod eines Menschen eingetreten,

so wird der Täter mit strengem Gefängnis nicht unter drei Jahren oder mit dem Tode bestraft.

## Vereinigungen gegen Volk und Staat

Artikel 117

1. Wer eine Verschwörung, Bande oder eine andere Gruppe von Personen zur Begehung der strafbaren Handlungen aus den Artikeln 100 bis 103, 108, 109, 114 bis 116 dieses Gesetzbuches gründet,

wird mit strengem Gefängnis nicht unter fünf Jahren oder mit dem Tode bestraft.

2. Wer einer der in Abs. 1 genannten Vereinigungen als Mitglied beitritt,

wird mit strengem Gefängnis bestraft.

3. Wer sich von der Staatsgewalt in der Absicht lossagt[1]), eine der in Abs. 1 genannten Vereinigungen zu organisieren oder ihr als Mitglied beizutreten,

wird mit strengem Gefängnis bestraft.

4. Ein Mitglied einer der in Abs. 1 genannten Vereinigungen, sowie ein Mitglied einer der in den Artikeln 110 und 111 dieses Gesetzbuches genannten Gruppen, das die Vereinigung bzw. Gruppe verrät, ohne in seinem Verbande oder Auftrag eine strafbare Handlung gegen Volk und Staat begangen zu haben,

wird mit strengem Gefängnis bis zu drei Jahren bestraft; das Gericht kann jedoch von Bestrafung absehen.

## Feindliche Propaganda

Artikel 118

1. Wer in der Absicht, die Herrschaft des arbeitenden Volkes, die Abwehrkraft des Staates oder die wirtschaftliche Grundlage des sozialistischen Aufbaues zu untergraben, oder die Brüderlichkeit und Einheit der Nationen der FVRJ zu sprengen, in Bildern, Schriften, Reden auf Versammlungen oder auf andere Art gegen die Staats- und Wirtschaftsordnung oder gegen politische, wirtschaftliche, militärische oder andere wichtige Maßnahmen der Volksgewalt Propaganda treibt,

wird mit strengem Gefängnis bestraft.

2. Mit derselben Strafe wird bestraft, wer faschistische oder andere volks- und staatsfeindliche Ideen propagiert.

## Entfachung nationaler, rassischer oder religiöser Unduldsamkeit, Haß oder Zwiespalt

Artikel 119

1. Wer durch Propaganda oder auf andere Art nationalem, rassischen oder religiösen Haß oder Zwiespalt unter den Völkern und Nationen, die in der FVRJ leben, herausfordert oder solchen entfacht,

wird mit strengem Gefängnis bis zu fünfzehn Jahren beftraft.

2. Wird die in Abs. 1 genannte Handlung systematisch oder unter Ausnützung von Stellung oder Beruf begangen, oder sind infolgedessen Unruhen, Gewalttätigkeiten oder andere schwere Folgen entstanden,

so wird der Täter mit strengem Gefängnis bestraft.

3. Wer durch Ehrverletzungen gegenüber Bürgern oder auf andere Art zu nationaler, rassischer oder religiöser Unduldsamkeit herausfordert,

wird mit Gefängnis bis zu zwei Jahren bestraft.

---

[1]) „odmetne“ d. h. sich aus dem Machtbereiche der Behörden entfernt, z. B. sich im Gebirge verbirgt.

## Hilfeleistung zugunsten des Täters strafbarer Handlungen gegen Volk und Staat

Artikel 120

Wer den Täter einer der in Art. 100 bis 117 genannten strafbaren Handlungen verbirgt, ihm Unterkunft, Nahrung, Material, Geld oder andere Mittel zur Verfügung stellt, ihm zur Unterhaltung von Verbindungen oder auf andere Art Dienste bzw. Hilfe leistet, oder wer Staatsorganen bei der Entdeckung und Ergreifung eines derartigen Täters Hindernisse entgegenstellt,

wird mit strengem Gefängnis bestraft.

## Vorbereitung zu den in Artikel 102, 103 und 114 genannten Handlungen

Artikel 121

1. Wer die Ausführung strafbarer Handlungen i. S. der Art. 102, 103 und 114 dieses Gesetzbuches durch Anschaffung oder Bereitstellung von Mitteln zur Begehung dieser strafbaren Handlungen, durch Schaffung von Bedingungen zu ihrer Ausführung vorbereitet oder wer mit jemandem verabredet, daß er diese strafbaren Handlungen ausführen soll,

wird mit strengem Gefängnis bestraft.

2. Tritt der Täter der in Abs. 1 genannten Handlung von der Ausführung der Vorbereitungshandlung freiwillig zurück,

so kann er milder bestraft werden; das Gericht kann auch von Bestrafung absehen.

## Besonders schwere Fälle strafbarer Handlungen gegen Volk und Staat

Artikel 122

Sind die in den Art. 104, Abs. 3, 107, 108, 109, 110, Abs. 2, 116, Abs. 2, 117, Abs. 2 und 3 und 121, Abs. 1 dieses Gesetzbuches genannten Handlungen im Bereitschafts-, im Mobil- oder Kriegszustande begangen, oder wurde durch dieselben der Abwehr- oder militärischen Kraft des Staates schwerer Schaden zugefügt, oder in anderen besonders schweren Fällen,

wird der Täter mit strengem Gefängnis nicht unter fünf Jahren oder mit dem Tode bestraft.

## Bestrafung mit Vermögenskonfiskation

Artikel 123

Bei Verurteilung zur Strafe strengen Gefängnisses über fünf Jahre kann das Gericht den Täter strafbarer Handlungen gegen Volk und Staat mit Vermögenskonfiskation bestrafen.

## Elftes Hauptstück

# Strafbare Handlungen gegen die Menschlichkeit und internationales Recht

### Genocidium

Artikel 124

1. Wer in der Absicht eine nationale, ethnische, rassische oder religiöse Gruppe vollkommen oder teilweise zu vernichten, Tötungen, schwere Körperverletzungen oder schwere Schädigungen physischer oder geistiger Gesundheit von Mitgliedern der Gruppe begeht, Zwangsaussiedlungen der Bevölkerung durchführt, eine Gruppe in Lebensbedingungen versetzt, die zu ihrer vollkommenen oder teilweisen Ausrottung führen, oder Maßnahmen zur Verhinderung von Geburten zwischen Angehörigen der Gruppe trifft oder Zwangsübersiedlungen von Kindern in eine andere Gruppe vornimmt,

wird mit strengem Gefängnis nicht unter fünf Jahren oder mit dem Tode bestraft.

### Kriegsverbrechen gegen die Zivilbevölkerung

Artikel 125

Wer unter Verletzung der Regeln internationalen Rechtes zu Kriegszeiten, zur Zeit eines bewaffneten Zusammenstoßes oder einer Okkupation gegen die Zivilbevölkerung Tötungen, Peinigung oder unmenschliche Behandlung — inbegriffen sind hierbei auch biologische Experimente —, Zufügung großer Leiden oder Schädigung körperlicher Unversehrtheit oder Gesundheit; gesetzwidrige Aussiedlung, Übersiedlung, zwangsweise Entnationalisierung oder zwangsweise Änderung des Glaubensbekenntnisses der Bevölkerung; Nötigung zur Prostitution oder Notzucht; Maßnahmen zur Einschüchterung und Terror, Nehmen von Geiseln, Kollektivbestrafungen, gesetzwidrige Abführung in Konzentrationslager und andere gesetzwidrige Einsperrungen, Entziehung des Rechtes auf rechtmäßige und unparteiische Rechtsprechung; Zwang zur Dienstleistung in der feindlichen bewaffneten Macht, in ihrem Kundschaftsdienste oder in ihrer Administration; Nötigung zur Zwangsarbeit, Aushungern der Bevölkerung, Vermögenskonfiskation, Plünderung, gesetzwidriges und eigenmächtiges Vernichten oder Aneignen von Vermögen in großem Umfange, das durch die Kriegsbedürfnisse nicht gerechtfertigt ist, Abnahme gesetzwidriger und unverhältnismäßig großer Kontributionen und Requisitionen, Wertminderung des heimischen Geldes oder gesetzwidrige Ausgabe von Geld, anordnet oder durchführt,

wird mit strengem Gefängnis nicht unter fünf Jahren oder mit dem Tode bestraft.

## Kriegsverbrechen gegen Verwundete und Kranke

Artikel 126

Wer unter Verletzung der Regeln internationalen Rechtes zu Kriegszeiten oder zur Zeit eines bewaffneten Zusammenstoßes gegen Verwundete, Kranke, Schiffbrüchige oder Sanitätspersonen: Tötungen, Peinigung, unmenschliche Behandlung — inbegriffen sind hierbei auch biologische Experimente —, Zufügung großer Leiden oder Schädigung körperlicher Unversehrtheit oder Gesundheit, gesetzwidriges und eigenmächtiges Vernichten oder Aneignen von Material und Vorräten von Sanitätsanstalten oder Truppenabteilungen in großem Umfange, das durch die Kriegsbedürfnisse nicht gerechtfertigt ist, anordnet oder ausführt,

wird mit strengem Gefängnis nicht unter fünf Jahren oder mit dem Tode bestraft.

## Kriegsverbrechen gegen Kriegsgefangene

Artikel 127

Wer unter Verletzung der Regeln internationalen Rechtes gegen Kriegsgefangene Tötungen, Peinigungen oder unmenschliche Behandlung — inbegriffen sind hierbei auch biologische Experimente —, Zufügung großer Leiden oder Schädigung körperlicher Unversehrtheit oder Gesundheit, Zwang zur Dienstleistung in der feindlichen bewaffneten Macht anordnet oder durchführt, oder ihnen das Recht auf rechtmäßige und unparteiische Rechtsprechung entzieht,

wird mit strengem Gefängnis nicht unter fünf Jahren oder mit dem Tode bestraft.

## Organisieren einer Gruppe zur Begehung von Genocidium und Kriegsverbrechen

Artikel 128

Wer eine Gruppe zur Begehung strafbarer Handlungen i. S. der Art. 124 bis 127 dieses Gesetzbuches organisiert, oder wer zur Gründung derartiger Gruppen aneifert oder ihre Organisierung vorbereitet,

wird mit strengem Gefängnis nicht unter fünf Jahren oder mit dem Tode bestraft.

## Rechtswidrige Tötung oder Verwundung von Feinden

Artikel 129

Wer unter Verletzung der Regeln internationalen Rechtes zu Kriegszeiten oder zur Zeit eines bewaffneten Zusammenstoßes einen Feind, der die Waffen niedergelegt, sich bedingungslos ergeben hat, oder keine Mittel zur Verteidigung zur Verfügung hat, tötet oder verwundet,

wird mit strengem Gefängnis bestraft.

## Verletzung von Parlamentären

Artikel 130

Wer unter Verletzung der Regeln internationalen Rechtes zu Kriegszeiten oder zur Zeit eines bewaffneten Zusammenstoßes einen Parlamentär oder seine Begleitung an der Ehre verletzt, mißhandelt, zurückhält, ihnen die Rückkehr verwehrt, oder ihre Unantastbarkeit auf andere Art verletzt,

wird mit Gefängnis nicht unter sechs Monaten oder mit strengem Gefängnis bis zu fünf Jahren bestraft.

## Rohe Behandlung von Verwundeten, Kranken und Kriegsgefangenen

Artikel 131

Wer unter Verletzung der Regeln internationalen Rechtes Verwundete, Kranke oder Kriegsgefangene roh behandelt, oder ihnen den Gebrauch von Rechten verwehrt oder verhindert, die ihnen nach diesen Regeln zukommen,

wird mit Gefängnis oder mit strengem Gefängnis bis zu fünf Jahren bestraft.

## Vernichten von Kultur- oder historischen Denkmälern

Artikel 132

Wer unter Verletzung der Regeln internationalen Rechtes zu Kriegszeiten oder zur Zeit eines bewaffneten Zusammenstoßes die Vernichtung von Kultur- und geschichtlichen Denkmälern und Bauten, oder von Anstalten, die der Wissenschaft, Kunst, Erziehung oder humanitären Zielen gewidmet sind, anordnet oder ausführt,

wird mit Gefängnis oder mit strengem Gefängnis bestraft.

## Mißbrauch der Zeichen des roten Kreuzes

Artikel 133

1. Wer Zeichen oder die Flagge des Roten Kreuzes oder Zeichen, die diesen entsprechen, mißbraucht oder unbefugt trägt,

wird mit Gefängnis bis zu zwei Jahren bestraft.

2. Wer eine Handlung i. S. des Abs. 1 dieses Artikels in der Zone von Kriegsoperationen begeht,

wird mit Gefängnis bestraft.

## Bestrafung mit Vermögenskonfiskation

Artikel 134

Bei einer Verurteilung zur Strafe strengen Gefängnisses über fünf Jahre kann das Gericht den Täter strafbarer Handlungen i. S. der Art. 124 bis 128 dieses Gesetzbuches mit Vermögenskonfiskation bestrafen.

Zwölftes Hauptstück

# Strafbare Handlungen gegen Leib und Leben

## Tötung[1])

Artikel 135

1. Wer einen Menschen tötet[2]),
wird mit strengem Gefängnis nicht unter fünf Jahren bestraft.

2. Wer einen Menschen auf grausame oder hinterlistige Art, oder auf eine das Leben mehrerer Menschen gefährdende Art, oder aus Eigennutz, oder behufs Begehens oder Verheimlichens einer anderen strafbaren Handlung oder aus anderen niedrigen Beweggründen, oder wer mehrere Menschen tötet,
wird mit strengem Gefängnis nicht unter zehn Jahren oder mit dem Tode bestraft.

3. Mit derselben Strafe wird bestraft, wer einen Menschen tötet, nachdem er bereits wegen vorsätzlicher Tötung, außer den Fällen der Tötung i. S. der Art. 136 und 138 dieses Gesetzbuches, verurteilt worden ist.

## Totschlag[3])

Artikel 136

Wer einen Menschen sogleich[4]) in heftiger Gemütsbewegung tötet, in die er ohne sein Verschulden durch einen Angriff oder durch schwere Ehrverletzung von seiten des Getöteten versetzt worden ist,
wird mit strengem Gefängnis bis zu zehn Jahren bestraft.

## Fahrlässige Tötung

Artikel 137

Wer einen Menschen fahrlässig tötet,
wird mit Gefängnis nicht unter sechs Monaten oder mit strengem Gefängnis bis zu fünf Jahren bestraft.

## Kindestötung bei der Geburt

Artikel 138

1. Eine Mutter, die ihr Kind während der Geburt oder unmittelbar nach der Geburt tötet, solange die durch die Geburt hervorgerufene Störung dauert,
wird mit Gefängnis nicht unter sechs Monaten bestraft.

2. Der Versuch ist strafbar.

---

[1]) Originaltext: „ubistvo“ , wörtlich: Totschlag. Der Ausdruck Totschlag ist enger als das Wort „ubistvo“, welches Mord und Totschlag umfaßt und gleichbedeutend ist mit „Tötung“.

[2]) Originaltext „das Leben nimmt“.

[3]) Im Originaltext: „ubistvo na mah“, wörtlich: „Auf einen Schlag erfolgter Totschlag“.

[4]) Originaltext: „na mah“ = auf einen Schlag.

## Verleitung und Beihilfe zum Selbstmord

Artikel 139

1. Wer jemanden zum Selbstmord verleitet oder ihm bei der Ausführung des Selbstmordes Hilfe leistet, wird, wenn dieser ausgeführt oder versucht worden ist,

mit Gefängnis nicht unter sechs Monaten oder mit strengem Gefängnis bis zu fünf Jahren bestraft.

2. Wer die im Abs. 1 genannte Handlung gegen einen Minderjährigen, der das vierzehnte Lebensjahr zurückgelegt hat, oder gegen einen vermindert Zurechnungsfähigen begeht,

wird mit strengem Gefängnis bis zu zehn Jahren bestraft.

3. Ist die in Abs. 1 genannte Handlung gegen einen Minderjährigen, der das vierzehnte Lebensjahr noch nicht zurückgelegt hat, oder gegen einen Unzurechnungsfähigen begangen,

so wird der Täter nach Art. 135 dieses Gesetzbuches bestraft.

4. Wer jemanden, der zu ihm im Verhältnis der Unterordnung oder Abhängigkeit steht, roh oder unmenschlich behandelt, wird, wenn dieser infolge einer derartigen Behandlung Selbstmord begeht,

mit Gefängnis nicht unter drei Monaten oder mit strengem Gefängnis bis zu fünf Jahren bestraft.

## Abtreibung

Artikel 140

1. Wer einer schwangeren Frau mit ihrer Einwilligung die Frucht abtreibt, abzutreiben beginnt, oder ihr bei der Abtreibung Hilfe leistet,

wird mit Gefängnis nicht unter drei Monaten bestraft.

2. Wer einer schwangeren Frau ohne ihre Einwilligung die Frucht abtreibt oder abzutreiben beginnt,

wird mit strengem Gefängnis bis zu acht Jahren bestraft.

3. Stirbt die Frau infolge der in Abs. 1 und 2 genannten Handlung,

so wird der Täter wegen der in Abs. 1 genannten Handlung mit Gefängnis nicht unter sechs Monaten oder mit strengem Gefängnis bis zu fünf Jahren, wegen der in Abs. 2 genannten Handlung aber mit strengem Gefängnis nicht unter zwei Jahren bestraft.

4. Nicht strafbar ist die Abtreibung, wenn sie behufs Abwendung einer Gefahr für das Leben oder die Gesundheit der schwangeren Frau oder in anderen gerechtfertigten Fällen ausgeführt wird. In welchen Fällen die Abtreibung erlaubt ist, wird durch besondere Vorschriften geregelt.

**Schwere Körperverletzung**

Artikel 141

1. Wer jemanden am Körper schwer verletzt oder an der Gesundheit schwer schädigt,

wird mit Gefängnis nicht unter sechs Monaten oder mit strengem Gefängnis bis zu fünf Jahren bestraft.

2. Wer jemanden am Körper so schwer verletzt oder an der Gesundheit so schwer schädigt, daß dadurch das Leben des Verletzten gefährdet oder ein wichtiger Körperteil oder ein wichtiges Organ des Verletzten vernichtet oder dauernd und in erheblichem Maße geschwächt, oder eine dauernde Unfähigkeit zur Arbeit des Verletzten oder eine dauernde und schwere Gesundheitsschädigung oder Entstellung verursacht worden ist,

wird mit strengem Gefängnis bis zu acht Jahren bestraft.

3. Stirbt der Verletzte infolge der in Abs. 1 und 2 genannten Verletzung,

so wird der Täter mit strengem Gefängnis bis zu zwölf Jahren bestraft.

4. Wird die in Abs. 1 und 2 genannte Handlung aus Fahrlässigkeit begangen,

so wird der Täter mit Gefängnis bis zu drei Jahren bestraft.

**Leichte Körperverletzung**

Artikel 142

1. Wer jemanden am Körper leicht verletzt,

wird mit Gefängnis bis zu einem Jahre bestraft.

2. Ist eine solche Verletzung mit einer Waffe, mit einem gefährlichen Werkzeuge oder mit einem anderen Mittel beigebracht, das geeignet ist, den Körper schwer zu verletzen oder die Gesundheit schwer zu schädigen,

so wird der Täter mit Gefängnis bis zu zwei Jahren bestraft.

3. Wird die in Abs. 1 und 2 genannte Handlung aus Fahrlässigkeit begangen,

so wird der Täter mit Geldstrafe oder mit Gefängnis bis zu einem Monat bestraft.

4. Wegen der in Abs. 1 und 3 genannten Handlungen wird die Verfolgung auf Antrag eingeleitet.

**Beteiligung an einem Raufhandel**

Artikel 143

Wer sich an einem Raufhandel beteiligt, bei dem jemand getötet oder am Körper schwer verletzt worden ist,

wird schon wegen dieser Beteiligung mit Gefängnis bestraft.

## Gefährdung mit einem gefährlichen Werkzeug bei einem Raufhandel oder Streit

Artikel 144

Wer sich bei einem Raufhandel oder Streite einer Waffe, eines gefährlichen Werkzeuges oder eines anderen Mittels bedient, das geeignet ist, den Körper schwer zu verletzen oder die Gesundheit schwer zu schädigen,

wird mit Geldstrafe oder mit Gefängnis bis zu sechs Monaten bestraft.

## Aussetzung

Artikel 145

1. Wer jemanden in lebensgefährlicher Lage, die er selbst verursacht hat, ohne Hilfeleistung im Stiche läßt,

wird mit Gefängnis bis zu drei Jahren bestraft.

2. Hat jemand, der einer solchen Gefahr ausgesetzt worden ist, dadurch das Leben verloren oder wurde er am Körper schwer verletzt oder an der Gesundheit schwer geschädigt,

so wird der Täter mit strengem Gefängnis bis zu acht Jahren bestraft.

## Verlassen eines Hilflosen

Artikel 146

1. Wer einen Hilflosen, der ihm anvertraut ist oder für den er sonst zu sorgen verpflichtet ist, in einer Lage, die für das Leben oder die Gesundheit mit Gefahr verbunden ist, ohne Hilfeleistung im Stiche läßt,

wird mit Gefängnis nicht unter einem Monat bestraft.

2. Hat der im Stiche Gelassene dadurch das Leben verloren oder wurde er am Körper schwer verletzt oder an der Gesundheit schwer geschädigt,

so wird der Täter mit strengem Gefängnis von einem bis zu acht Jahren bestraft.

## Unterlassung von Hilfeleistung

Artikel 147

Wer es unterläßt, jemanden, der sich in unmittelbarer Lebensgefahr befindet, beizustehen, obgleich er dies tun konnte, ohne sich oder einen anderen einer Gefahr auszusetzen,

wird mit Gefängnis bis zu einem Jahre bestraft.

Dreizehntes Hauptstück

# Strafbare Handlungen gegen die Freiheit und Bürgerrechte

## Verletzung der bürgerlichen Gleichberechtigung

Artikel 148

Wer auf Grund einer Unterscheidung zwischen Nationen, Rassen oder Glaubensbekenntnissen Bürgern ihre Rechte, die ihnen durch die Verfassung der FVRJ, durch die Verfassungen der Volksrepubliken, durch Gesetze oder andere Vorschriften gewährleistet sind, aberkennt oder einengt, oder wer auf Grund einer solchen Unterscheidung Bürgern Vorrechte und Begünstigungen einräumt,

wird mit Gefängnis nicht unter drei Monaten oder mit strengem Gefängnis bis zu fünf Jahren bestraft.

## Nötigung

Artikel 149

1. Wer jemanden durch Gewalt oder ernstliche Drohung zu einer Handlung, Unterlassung oder Duldung nötigt,

wird mit Geldstrafe oder mit Gefängnis bis zu zwei Jahren bestraft.

2. Die Verfolgung wird auf Antrag eingeleitet.

## Widerrechtliche Freiheitsberaubung

Artikel 150

1. Wer jemanden widerrechtlich einsperrt, eingesperrt hält oder ihn auf andere Art der Bewegungsfreiheit beraubt,

wird mit Gefängnis bis zu zwei Jahren bestraft.

2. Ist die widerrechtliche Freiheitsberaubung von einer Amtsperson unter Mißbrauch ihrer Stellung oder Befugnis begangen worden,

so tritt Gefängnis von drei Monaten bis zu drei Jahren oder strenges Gefängnis bis zu drei Jahren ein.

3. Der Versuch ist strafbar.

4. Dauert die widerrechtliche Freiheitsberaubung länger als einen Monat, oder wurde sie auf grausame Art begangen, oder wurde der seiner Freiheit Beraubte dadurch in seiner Gesundheit schwer geschädigt, oder sind andere schwere Folgen eingetreten,

so wird der Täter mit strengem Gefängnis bis zu acht Jahren bestraft.

5. Ist der seiner Freiheit widerrechtlich Beraubte dadurch gestorben,

so wird der Täter mit strengem Gefängnis nicht unter zwei Jahren bestraft.

**Nötigung zur Aussage**

Artikel 151

Eine Amtsperson, die in Ausübung ihres Dienstes, Gewalt oder Drohung anwendet in der Absicht, einem Beschuldigten, Zeugen, Sachverständigen oder einer anderen Person, die vernommen wird, eine Aussage abzunötigen,

wird mit Gefängnis nicht unter drei Monaten oder mit strengem Gefängnis bis zu fünf Jahren bestraft.

**Mißhandlung unter Mißbrauch der Amtsstellung oder Amtsbefugnis**

Artikel 152

Eine Amtsperson, die in Ausübung ihres Dienstes unter Ausnützung ihrer Amtsstellung oder Amtsbefugnis jemanden mißhandelt, an der Ehre verletzt, oder sonst auf eine die Menschenwürde kränkende Art behandelt,

wird mit Gefängnis bis zu einem Jahre bestraft.

**Gefährdung der Sicherheit**

Artikel 153

1. Wer durch ernstliche Drohung die Sicherheit eines Menschen gefährdet,

wird mit Geldstrafe oder mit Gefängnis bis zu sechs Monaten bestraft.

2. Die Verfolgung wird auf Antrag eingeleitet.

**Hausfriedensbruch**

Artikel 154

1. Wer in eine fremde Wohnung oder abgesperrte Räumlichkeiten unbefugt eindringt, oder sich auf die Aufforderung eines Berechtigten hin von dort nicht entfernt,

wird mit Geldstrafe oder mit Gefängnis bis zu einem Jahre bestraft.

2. Wurde die in Abs. 1 genannte Handlung von einer Amtsperson unter Mißbrauch ihrer Stellung oder Befugnis begangen,

so wird sie mit Gefängnis bis zu zwei Jahren bestraft.

3. Der Versuch ist strafbar.

4. Die Verfolgung wegen einer in Abs. 1 genannten Handlung wird auf Antrag eingeleitet.

**Gesetzwidrige Durchsuchung**

Artikel 155

Eine Amtsperson, die eine Hausdurchsuchung, Durchsuchung von Räumlichkeiten oder Personendurchsuchung gesetzwidrig vornimmt,

wird mit Gefängnis bis zu zwei Jahren bestraft.

## Verletzung des Briefgeheimnisses oder Geheimnisses anderer Sendungen

Artikel 156

1. Wer einen fremden Brief, eine Depesche, ein anderes verschlossenes Schriftstück oder Sendung unbefugt eröffnet, oder wer einen fremden Brief, eine Depesche, ein verschlossenes Schriftstück oder Sendung unbefugt zurückhält, unterdrückt, vernichtet oder einem anderen übergibt,

wird mit Geldstrafe oder mit Gefängnis bis zu sechs Monaten bestraft.

2. Wer in der Absicht, sich oder einem anderen einen Vorteil zu verschaffen oder einem anderen einen Schaden zuzufügen, das durch unbefugte Eröffnung eines fremden Briefes, einer Depesche, eines anderen verschlossenen Schriftstückes oder einer Sendung erlangte Geheimnis einem anderen mitteilt oder sich selbst dieses Geheimnis zunutze macht,

wird mit Gefängnis bis zu einem Jahr bestraft.

3. Wurde die in Abs. 1 und 2 genannte Handlung von einer Amtsperson in Ausübung der Amtspflicht begangen,

so tritt Gefängnisstrafe bis zu zwei Jahren ein.

4. Die Verfolgung wegen der in Abs. 1 und 2 genannten Handlungen wird auf Antrag eingeleitet.

## Unbefugte Offenbarung eines Geheimnisses

Artikel 157

1. Ein Advokat, Verteidiger, Arzt, eine Hebamme oder eine andere Person, die ein Geheimnis, das sie in Ausübung ihres Berufes erfahren hat, unbefugt offenbart,

wird mit Gefängnis bis zu einem Jahre bestraft.

2. Wegen einer in Abs. 1 genannten Handlung wird nicht bestraft, wer ein Geheimnis im öffentlichen Interesse oder im Interesse einer anderen Person offenbart, welches das Interesse auf Wahrung des Geheimnisses überwiegt.

3. Die Verfolgung wird auf Antrag eingeleitet.

## Verhinderung oder Störung einer öffentlichen Versammlung

Artikel 158

1. Wer durch Gewalt, ernstliche Drohung, Täuschung oder auf andere Art die Einberufung oder Abhaltung einer öffentlichen Versammlung auf welche Bürger ein gesetzliches Recht haben, verhindert oder stört,

wird mit Gefängnis bis zu zwei Jahren bestraft.

2. Wurde die in Abs. 1 genannte Handlung von einer Amtsperson durch Mißbrauch ihrer Stellung oder Befugnis begangen,

so wird sie mit Gefängnis von drei Monaten bis zu drei Jahren bestraft.

### Verletzung des Wahlrechtes

Artikel 159

Eine Amtsperson, die jemanden gesetzwidrig in die Wählerliste nicht einträgt oder aus der Wählerliste streicht, in der Absicht ihn an der Ausübung des Wahlrechtes zu verhindern,

wird mit Gefängnis bis zu einem Jahre bestraft.

### Verletzung der freien Entschließung der Wähler

Artikel 160

1. Wer durch Gewalt, ernstliche Drohung oder auf andere Art jemanden zur Ausübung oder Nichtausübung des Wahlrechtes nötigt,

wird mit Gefängnis bis zu zwei Jahren bestraft.

2. Wurde die in Abs. 1 genannte Handlung von einem Mitgliede des Wahlausschusses oder von einer anderen Amtsperson in der Ausübung ihres Amtes begangen,

so wird sie mit Gefängnis von drei Monaten bis zu drei Jahren bestraft.

### Verletzung des Beschwerderechtes

Artikel 161

Eine Amtsperson, die in Ausübung ihres Amtes einen Bürger an der Geltendmachung seines Rechtes auf Einbringung einer Beschwerde, eines Einspruches, Gesuches oder einer Vorstellung hindert,

wird mit Gefängnis bis zu einem Jahre bestraft.

### Verhinderung der Drucklegung und Verbreitung von Druckschriften

Artikel 162

Wer die Drucklegung, den Verkauf oder die Verbreitung von Büchern, Zeitschriften, Zeitungen oder anderen Druckschriften rechtswidrig verhindert,

wird mit Gefängnis bis zu einem Jahre bestraft.

### Verletzung des Urheberrechtes

Artikel 163

1. Wer unter Verletzung der gesetzlichen Vorschriften über den Schutz des Urheberrechtes ein fremdes literarisches, künstlerisches oder wissenschaftliches Werk veröffentlicht, bearbeitet, reproduziert, vorführt, ausführt oder übersetzt,

wird mit Geldstrafe oder mit Gefängnis bis zu einem Jahre bestraft.

2. Die Verfolgung wird auf Antrag eingeleitet.

### Verletzung des Erfinderrechtes

Artikel 164

1. Wer sich ein fremdes Erfinderrecht oder ein Recht auf technische Vervollkommnung aneignet, oder ein Patent, eine Lizenz oder Erfindung unbefugt ausnützt,

wird mit Gefängnis bis zu drei Jahren bestraft.

2. Wer das Wesentliche einer fremden Erfindung unbefugt veröffentlicht, bevor diese Erfindung auf die gesetzlich vorgeschriebene Art kundgemacht worden ist,

wird mit Geldstrafe oder mit Gefängnis bis zu zwei Jahren bestraft.

## Vierzehntes Hauptstück
# Strafbare Handlungen gegen die Arbeitsverhältnisse

### Verletzung von Vorschriften über die Rechte von Personen, die im Arbeitsverhältnisse stehen

Artikel 165

Wer die Vorschriften über Gehalt, Arbeitszeit, Jahresurlaub oder über das Verbot überstündlicher oder nächtlicher Arbeit bewußt nicht einhält und dadurch jemanden, der im Arbeitsverhältnis steht, sein ihm gesetzlich zustehendes Recht versagt oder einengt,

wird mit Geldstrafe oder mit Gefängnis bis zu sechs Monaten bestraft.

### Verletzung des Rechtes auf Sozialversicherung

Artikel 166

1. Wer die Vorschriften über Sozialversicherung bewußt nicht einhält und dadurch jemandem sein Recht, das ihm auf Grund der Sozialversicherung zusteht, versagt oder einengt,

wird mit Geldstrafe oder mit Gefängnis bis zu einem Jahr bestraft.

2. Wer sich durch Vorschützen, Verursachen einer Krankheit oder Arbeitsunfähigkeit, durch Erschwerung oder Verhinderung seiner Gesundung oder Arbeitsbefähigung ein Recht auf Sozialversicherung erwirkt, das ihm nach dem Gesetz nicht zusteht,

wird mit Geldstrafe oder mit Gefängnis bis zu einem Jahre bestraft.

### Unterlassen hygienischer und technischer Schutzmaßnahmen bei der Arbeit

Artikel 167

Die verantwortliche Person, die in einem Bergwerke, in einer Fabrik, in einem Arbeitsraum oder auf einem anderen Arbeitsplatze die Vorschriften über hygienische und technische Schutzmaßnahmen bei der Arbeit bewußt nicht einhält, obgleich sie weiß, daß infolgedessen eine Gefahr für das Leben oder die Gesundheit von Personen, die im Arbeitsverhältnisse stehen, entstehen kann,

wird mit Geldstrafe oder mit Gefängnis bis zu einem Jahre bestraft.

### Unterlassung der Unterbringung und Verpflegung von Personen, die im Arbeitsverhältnisse stehen

Artikel 168

Die verantwortliche Person, die in einem Bergwerke, in einer Fabrik, in einem Arbeitsraum oder auf einem anderen Arbeitsplatze die Besorgung von Unterkunft oder Verpflegung für Personen, die im Arbeitsverhältnisse stehen, pflichtwidrig unterläßt, obgleich sie weiß, daß dadurch eine Gefahr für das Leben oder die Gesundheit von Personen, die im Arbeitsverhältnisse stehen, entstehen kann,

wird mit Geldstrafe oder mit Gefängnis bis zu einem Jahre bestraft.

Fünfzehntes Hauptstück

## Strafbare Handlungen gegen die Ehre und den guten Ruf

### Üble Nachrede

Artikel 169

1. Wer über jemanden etwas Unwahres behauptet oder verbreitet, was geeignet ist, dessen Ehre und guten Ruf zu schädigen,

wird mit Geldstrafe oder Gefängnis bis zu sechs Monaten bestraft.

2. Ist die in Abs. 1 genannte Handlung durch Presse, Radio oder auf einer öffentlichen Versammlung begangen,

so wird der Täter mit Gefängnis von einem Monat bis zu einem Jahre bestraft.

3. Beweist der Beschuldigte die Wahrheit seiner Äußerung oder beweist er, daß er in unverschuldetem Irrtum befangen gewesen ist, dessetwegen er als wahr gehalten, was er behauptet oder verbreitet hat, so wird er nicht wegen übler Nachrede bestraft; er kann jedoch wegen Beleidigung (Art. 170) bzw. wegen Geringschätzung durch Vorwurf einer strafbaren Handlung (Art. 172) bestraft worden.

4. Behauptet oder verbreitet jemand von einem anderen, er habe eine von Amts wegen zu verfolgende strafbare Handlung begangen, so wird die Wahrheit dieser Tatsache nur durch rechtskräftiges Urteil bewiesen. Ist die Verfolgung oder Urteilsfällung unmöglich oder unzulässig, so kann die Wahrheit auch auf andere Art bewiesen werden.

## Beleidigung

Artikel 170

1. Wer jemanden beleidigt,
wird mit Geldstrafe oder mit Gefängnis bis zu drei Monaten bestraft.

2. Ist die in Abs. 1 genannte Handlung durch Presse, Radio oder auf einer öffentlichen Versammlung begangen,
so wird der Täter mit Geldstrafe oder mit Gefängnis bis zu sechs Monaten bestraft.

3. Hat jemand durch unanständiges Betragen oder durch eine strafbare Handlung unmittelbar Anlaß zur Beleidigung gegeben,
so kann von Bestrafung des Täters wegen der in Abs. 1 oder 2 genannten Handlung abgesehen werden.

4. Hat der Beleidigte die Beleidigung erwidert,
so kann das Gericht beide Teile oder einen Teil bestrafen oder von Bestrafung beider Teile oder eines Teiles absehen.

## Äußerungen über persönliche und Familienangelegenheiten

Artikel 171

1. Wer etwas aus dem persönlichen oder Familienleben eines anderen behauptet oder verbreitet, was dessen guten Ruf schädigen kann,
wird mit Geldstrafe oder mit Gefängnis bis zu sechs Monaten bestraft.

2. Ist die in Abs. 1 genannte Handlung durch Presse, Radio oder auf einer öffentlichen Versammlung begangen,
so wird der Täter mit Gefängnis von einem Monate bis zu einem Jahre bestraft.

3. Nicht strafbar ist, wer die in Abs. 1 und 2 genannten Handlungen im allgemeinen Interesse begangen hat.

## Geringschätzung durch den Vorwurf einer strafbaren Handlung

Artikel 172

Wer jemandem in der Absicht ihm seine Geringschätzung zu bezeugen, eine strafbare Handlung oder eine Verurteilung wegen einer strafbaren Handlung vorwirft, oder in der gleichen Absicht einem anderen davon Mitteilung macht,
wird mit Geldstrafe oder mit Gefängnis bis zu zwei Monaten bestraft.

## Straflose Kritik wissenschaftlicher oder anderer gesellschaftlicher Tätigkeit

Artikel 173

Wer anläßlich einer Kritik wissenschaftlicher, künstlerischer, amtlicher oder anderer gesellschaftlicher Tätigkeit von jemandem, oder in einer in Pflichterfüllung gemachten Äußerung oder bei Verteidigung eines Rechtes eine Behauptung aufstellt, die die Ehre und den guten Ruf dieser Person schädigen kann, bleibt straflos, wenn aus der Art der Äußerung oder aus anderen Umständen ersichtlich ist, daß die Behauptung nicht in der Absicht aufgestellt worden ist, diese Person zu beleidigen.

### Verletzung des Ansehens des Staates, seiner Organe und Repräsentanten

Artikel 174

Wer die FVRJ, eine Volksrepublik, ihre Flaggen oder Wappen, ihre höchsten Organe der Staatsgewalt oder die Repräsentanten der höchsten Organe der Staatsgewalt, die bewaffnete Macht oder den obersten Befehlshaber der Verachtung preisgibt,

wird mit Gefängnis von drei Monaten bis zu drei Jahren bestraft.

### Verletzung des Ansehens eines fremden Staates oder einer internationalen Organisation

Artikel 175

1. Wer einen fremden Staat, seine Flagge oder Wappen der Verachtung preisgibt,

wird mit Gefängnis von drei Monaten bis zu drei Jahren bestraft.

2. Mit derselben Strafe wird bestraft, wer die in Abs. 1 genannte Handlung gegen die Organisation der Vereinten Nationen, gegen das Internationale Rote Kreuz oder gegen eine andere von der FVRJ anerkannte internationale Organisation begeht.

### Verletzung der Ehre und des Ansehens eines fremden Staatsoberhauptes, eines diplomatischen Vertreters oder Repräsentanten einer internationalen Organisation

Artikel 176

1. Wer die Ehre und den guten Ruf eines fremden Staatsoberhauptes verletzt,

wird mit Gefängnis von drei Monaten bis zu drei Jahren bestraft.

2. Wer die in Abs. 1 genannte Handlung gegen den diplomatischen Vertreter eines fremden Staates in der FVRJ begeht,

wird mit Gefängnis bis zu zwei Jahren bestraft.

3. Mit derselben Strafe wird bestraft, wer die in Abs. 1 genannte Handlung gegen einen Repräsentanten der Organisation der Vereinten Nationen, des Internationalen Roten Kreuzes oder einer anderen von der FVRJ anerkannten internationalen Organisation begeht.

### Verfolgung wegen der strafbaren Handlungen gegen die Ehre und guten Ruf

Artikel 177

1. Die Verfolgung wegen der in den Artikeln 174 bis 176 dieses Gesetzbuches genannten Handlungen wird von Amts wegen eingeleitet; zur Verfolgung der in den Artikeln 175 und 176 dieses Gesetzbuches genannten Handlungen ist überdies die vorläufige Genehmigung des Justizministers der FVRJ erforderlich.

2. Die Verfolgung der in den Artikeln 169 bis 172 dieses Gesetzbuches genannten Handlungen wird auf Privatanklage eingeleitet.

3. Sind die in den Artikeln 169 und 170 dieses Gesetzbuches genannten Handlungen gegen eine staatliche oder gesellschaftliche Anstalt, gegen ein Unternehmen oder eine gesellschaftliche Organisation oder gegen eine Amtsperson in bezug auf ihre Amtstätigkeit begangen, so wird die Verfolgung auf Antrag eingeleitet. Zur Antragstellung ist der Vertreter der Anstalt, des Unternehmens bzw. der Vertreter der Organisation bzw. die Amtsperson berechtigt. Unterläßt die Amtsperson die Antragstellung, so kann die Verfolgung auf Antrag ihres Vorgesetzten eingeleitet werden.

4. Sind die in den Artikeln 169 bis 171 dieses Gesetzbuches genannten Handlungen gegen einen Verstorbenen begangen, so wird die Verfolgung auf Privatanklage seines Ehegatten, seiner Kinder, seiner Eltern oder Geschwister eingeleitet.

### Veröffentlichung des Urteils durch Presse oder Radio

Artikel 178

Bei der Verurteilung wegen einer durch Presse oder Radio begangenen üblen Nachrede kann das Gericht auf Verlangen des Anklägers anordnen, daß das Urteil ganz oder im Auszug auf die gleiche Art und auf Kosten des Verurteilten veröffentlicht wird.

Sechzehntes Hauptstück

# Strafbare Handlungen gegen die Würde der Person und Moral

### Notzucht

Artikel 179

1. Wer eine Frau, mit der er nicht in ehelicher Gemeinschaft lebt, durch Gewalt oder Drohung mit einem unmittelbaren Angriff auf Leib oder Leben zum Beischlaf nötigt,

wird mit strengem Gefängnis bis zu acht Jahren bestraft.

2. Ist durch die in Abs. 1 genannte Handlung eine schwere Körperverletzung oder der Tod der Frau eingetreten,

so wird der Täter mit strengem Gefängnis nicht unter zwei Jahren bestraft.

## Beischlaf mit einer Hilflosen

Artikel 180

1. Wer mit einer Frau, mit der er nicht in ehelicher Gemeinschaft lebt, unter Ausnützung ihrer geistigen Erkrankung, zeitweisen Geistesstörung, Hilflosigkeit oder eines anderen Zustandes, deretwegen sie zum Widerstande unfähig ist, den Beischlaf vollzieht,

wird mit Gefängnis oder strengem Gefängnis bis zu fünf Jahren bestraft.

2. Ist durch die in Abs. 1 genannte Handlung eine schwere Körperverletzung oder der Tod der Frau erfolgt,

so wird der Täter mit strengem Gefängnis bestraft.

## Beischlaf und widernatürliche Unzucht mit einem Minderjährigen

Artikel 181

1. Wer den Beischlaf oder widernatürliche Unzucht mit einem Minderjährigen, der das vierzehnte Lebensjahr noch nicht vollendet hat, vollzieht,

wird mit Gefängnis nicht unter sechs Monaten oder mit strengem Gefängnis bis zu fünf Jahren bestraft.

2. Wer die in Abs. 1 genannte Handlung mit einem hilflosen Minderjährigen, der das vierzehnte Lebensjahr noch nicht vollendet hat oder durch Gewalt oder Drohung mit einem unmittelbaren Angriff auf Leben oder Leib vollzieht,

wird mit strengem Gefängnis bis zu fünfzehn Jahren bestraft.

3. Ist durch die in Abs. 1 und 2 genannte Handlung eine schwere Körperverletzung oder der Tod des Minderjährigen eingetreten,

so wird der Täter mit strengem Gefängnis nicht unter fünf Jahren bestraft.

## Beischlaf oder widernatürliche Unzucht unter Mißbrauch der Stellung

Artikel 182

1. Wer unter Mißbrauch seiner Stellung eine Frau, die ihm gegenüber im Verhältnis der Unterordnung oder Abhängigkeit steht, zum Beischlaf verführt,

wird mit Gefängnis bis zu drei Jahren bestraft.

2. Ein Lehrer, Erzieher, Vormund, Adoptivvater, Stiefvater oder ein anderer, der unter Mißbrauch seiner Stellung mit einem Minderjährigen im Alter über vierzehn Jahre, der ihm zum Unterricht, Erziehung, Aufsicht oder Pflege anvertraut ist, den Beischlaf oder widernatürliche Unzucht vollzieht,

wird mit Gefängnis nicht unter drei Monaten oder mit strengem Gefängnis bis zu fünf Jahren bestraft.

**Unzüchtige Handlungen**

Artikel 183

Wer in den Fällen der Artikel 179 bis 182 dieses Gesetzbuches lediglich eine unzüchtige Handlung vollzieht,

wird mit Gefängnis bestraft.

**Öffentliche Begehung einer unzüchtigen Handlung**

Artikel 184

Wer eine unzüchtige Handlung oder eine andere die Schamhaftigkeit verletzende Handlung öffentlich begeht,

wird mit Geldstrafe oder mit Gefängnis bis zu einem Jahre bestraft.

**Verführung**

Artikel 185

1. Wer durch lügenhaftes Eheversprechen eine Minderjährige, die das vierzehnte Lebensjahr vollendet hat, zum Beischlaf verführt,

wird mit Gefängnis bis zu zwei Jahren bestraft.

2. Das Verfahren wird auf Privatanklage eingeleitet.

**Widernatürliche Unzucht**

Artikel 186

Widernatürliche Unzucht zwischen Personen männlichen Geschlechtes

wird mit Gefängnis bis zu zwei Jahren bestraft.

**Kuppelei**

Artikel 187

1. Wer einen Minderjährigen verkuppelt,

wird mit Gefängnis nicht unter drei Monaten oder mit strengem Gefängnis bis zu fünf Jahren bestraft.

2. Wer gegen Entgelt eine Person weiblichen Geschlechtes verkuppelt, oder wer gegen Entgelt oder gewerbsmäßig der Unzucht Vorschub leistet,

wird mit Geldstrafe oder mit Gefängnis bis zu zwei Jahren bestraft.

**Frauen- und Kinderhandel[1])**

Artikel 188

Wer Frauen- und Kinderhandel betreibt oder dazu Vorschub leistet,

wird mit strengem Gefängnis von einem bis zu fünfzehn Jahren bestraft.

---

[1]) Originaltext: „Trgovina belim robljem" (Handel mit weißen Sklaven).

### Herstellen und Verbreiten unzüchtiger Schriften

Artikel 189

1. Wer Schriften, Bilder oder andere Gegenstände, durch die die Moral schwer verletzt wird, herstellt, verkauft, verbreitet, öffentlich ausstellt, oder zum Verkauf anschafft oder vorrätig hält,

wird mit Gefängnis bis zu einem Jahre bestraft.

2. Die in Abs. 1 genannten Gegenstände werden eingezogen.

## Siebzehntes Hauptstück

# Strafbare Handlungen gegen die Ehe und Familie

### Doppelehe

Artikel 190

1. Wer eine Ehe eingeht, obgleich er schon verheiratet ist,

wird mit Gefängnis von drei Monaten bis zu drei Jahren bestraft.

2. Mit derselben Strafe wird bestraft, wer eine Ehe mit einem anderen eingeht, von dem er weiß, das er verheiratet ist.

### Eingehung einer ungültigen Ehe

Artikel 191

1. Wer bei Eingehung einer Ehe dem anderen Teil eine Tatsache verschweigt, deretwegen die Ehe ungültig ist, oder wer den anderen Teil über eine solche Tatsache, deretwegen die Ehe ungültig ist, in einen Irrtum führt oder ihn in einem derartigen Irrtume beläßt,

wird mit Gefängnis bis zu zwei Jahren bestraft.

2. Die Verfolgung wird nur eingeleitet, wenn die so eingegangene Ehe aus den in Abs. 1 angeführten Gründen für ungültig erklärt wird.

### Zulassen der Eingehung einer ungültigen Ehe

Artikel 192

Der Vorsitzende oder das bevollmächtigte Mitglied des Volksausschusses oder der Matrikelführer, der durch seine Amtshandlung die Eingehung einer Ehe zuläßt, die gesetzlich verboten, ungültig oder als nicht bestehend anzusehen ist,

wird mit Gefängnis bis zu drei Jahren bestraft.

### Außereheliche Lebensgemeinschaft mit einem Minderjährigen

Artikel 193

1. Ein Volljähriger, der mit einem Minderjährigen, der das vierzehnte Lebensjahr vollendet hat, in außerehelicher Lebensgemeinschaft lebt,

wird mit Gefängnis bis zu zwei Jahren bestraft.

2. Mit derselben Strafe werden die Eltern oder der Vormund bestraft, die dem Minderjährigen, der das vierzehnte Lebensjahr vollendet hat, das Leben in außerehelicher Gemeinschaft mit einer anderen Person gestatten oder ihn hierzu verleiten.

3. Wird die Ehe eingegangen, so wird die Verfolgung nicht eingeleitet; wurde sie eingeleitet, so wird sie eingestellt.

### Entführung von Minderjährigen

Artikel 194

1. Wer einen Minderjährigen seinen Eltern, dem Vormund oder jemanden, dem er anvertraut ist, rechtswidrig entzieht,

wird mit Gefängnis bis zu zwei Jahren bestraft.

2. Wurde die in Abs. 1 genannte Handlung aus Eigennutz oder aus anderen niedrigen Beweggründen begangen,

so wird der Täter mit strengem Gefängnis bis zu zehn Jahren bestraft.

### Änderung des Familienstandes

Artikel 195

1. Wer durch Unterschiebung, Umtausch oder auf andere Art den Familienstand eines Kindes ändert,

wird mit Gefängnis nicht unter drei Monaten bestraft.

2. Der Versuch ist strafbar.

### Mißhandlung oder Vernachlässigung eines Kindes

Artikel 196

Eltern, ein Vormund oder eine andere Person, die ein Kind mißhandeln oder durch grobe Nichterfüllung ihrer Pflege- und Erziehungspflichten ein Kind, für das sie zu sorgen verpflichtet sind, vernachlässigen,

werden mit Gefängnis bis zu zwei Jahren bestraft.

### Nichtzahlung des Unterhalts

Artikel 197

Wer sich der Zahlung des Unterhaltes an jemanden entzieht, dem er auf Grund rechtskräftiger Entscheidung Unterhalt zu gewähren verpflichtet ist,

wird mit Geldstrafe oder mit Gefängnis bis zu einem Jahre bestraft.

### Blutschande

Artikel 198

Wer mit einem Blutverwandten in gerader Linie oder mit seinem Bruder bzw. mit seiner Schwester den Beischlaf vollzieht,

wird mit Gefängnis bestraft.

Achtzehntes Hauptstück

# Strafbare Handlungen gegen die menschliche Gesundheit

### Übertragung ansteckender Krankheiten

Artikel 199

1. Wer Vorschriften oder Anordnungen, durch die das zuständige Staatsorgan Kontrollen, Desinfektionen, Ausscheidung Kranker oder andere Maßnahmen zur Bekämpfung oder Verhütung ansteckender menschlicher Krankheiten anordnet, nicht befolgt und dadurch eine Übertragung ansteckender Krankheiten verursacht,
wird mit Gefängnis bis zu einem Jahre bestraft.

2. Ist die in Abs. 1 genannte Handlung aus Fahrlässigkeit begangen,
so wird der Täter mit Geldstrafe oder mit Gefängnis bis zu sechs Monaten bestraft.

### Nichtbefolgung von Gesundheitsvorschriften während einer Epidemie

Artikel 200

Wer während der Epidemie einer gefährlichen ansteckenden Krankheit Vorschriften oder Anordnungen über Maßnahmen zu deren Bekämpfung oder Verhütung nicht befolgt,
wird mit Geldstrafe oder Gefängnis bis zu sechs Monaten bestraft.

### Übertragung einer Geschlechtskrankheit

Artikel 201

1. Wer in Kenntnis seiner Geschlechtskrankheit durch Beischlaf oder auf andere Art jemanden ansteckt,
wird mit Gefängnis bis zu einem Jahre bestraft.

2. Die Verfolgung wird auf Antrag eingeleitet.

### Anstellung ansteckender Kranker

Artikel 202

1. Die verantwortliche Person, die in einem Krankenhause, in einer Entbindungsanstalt, in einem Internate, in einer Schule, in einem Unternehmen, in dem mit Nahrungsmitteln umgegangen wird, in einem Betriebe zur Verrichtung hygienischer Dienste oder in einer ähnlichen Anstalt oder Betrieb jemanden unter Verletzung der Gesundheitsvorschriften anstellt oder im Dienst hält, der an einer ansteckenden Krankheit leidet und dadurch die Übertragung derselben verursacht,
wird mit Gefängnis bis zu zwei Jahren bestraft.

2. Ist die in Abs. 1 genannte Handlung aus Fahrlässigkeit begangen,

so wird der Täter mit Geldstrafe oder mit Gefängnis bis zu sechs Monaten bestraft.

## Ungewissenhafte Heilbehandlung

Artikel 203

1. Ein Arzt, der bei Gewährung ärztlicher Hilfe ein offenbar untaugliches Mittel oder ein offenbar untaugliches Heilverfahren anwendet, oder entsprechende hygienische Maßnahmen nicht anwendet, oder die Heilbehandlung überhaupt ungewissenhaft vornimmt und dadurch eine Verschlimmerung der Krankheit des Kranken verursacht,

wird mit Gefängnis bis zu drei Jahren bestraft.

2. Mit derselben Strafe wird eine Hebamme oder eine andere Sanitätsperson bestraft, die die Erteilung medizinischer Hilfe oder Pflege ungewissenhaft vornimmt und hiermit eine Verschlimmerung der Krankheit des Kranken verursacht.

3. Ist die in Abs. 1 und 2 genannte Handlung aus Fahrlässigkeit begangen,

so wird der Täter mit Gefängnis bis zu sechs Monaten bestraft.

## Nichtgewährung ärztlicher Hilfe

Artikel 204

Ein Arzt, der unter Verletzung seiner ärztlichen Pflicht die Gewährung ärztlicher Hilfe einem in unmittelbarer Lebensgefahr befindlichen Kranken verweigert,

wird mit Geldstrafe oder Gefängnis bis zu zwei Jahren bestraft.

## Kurpfuscherei

Artikel 205

Wer ohne vorgeschriebene Fachausbildung gewerbsmäßig oder gegen Entgelt Heilbehandlungen Kranker vornimmt,

wird mit Gefängnis bis zu einem Jahr und mit Geldstrafe bestraft.

## Zubereiten und Verkauf schädlicher Heilmittel

Artikel 206

1. Wer Mittel, die für die menschliche Gesundheit schädlich sind, als Arzneimittel verkauft oder zum Verkaufe zubereitet,

wird mit Gefängnis bis zu zwei Jahren und mit Geldstrafe bestraft.

2. Ist die in Abs. 1 genannte Handlung aus Fahrlässigkeit begangen,

so wird der Täter mit Geldstrafe oder mit Gefängnis bis zu sechs Monaten bestraft.

3. Die in Abs. 1 genannten Mittel werden eingezogen.

**Ungewissenhaftes Zubereiten und Verabfolgen von Arzneimitteln**

Artikel 207

1. Ein Apotheker oder eine andere zum Verabfolgen von Arzneimitteln befugte Person, die an Stelle des vorgeschriebenen oder verlangten ein anderes Arzneimittel verabfolgt, wenn ein Ersatz nicht erlaubt ist, oder die ein Arzneimittel nicht im vorgeschriebenen Verhältnisse oder in vorgeschriebener Menge zubereitet, oder beim Zubereiten oder Verabfolgen von Arzneimitteln überhaupt ungewissenhaft vorgeht und dadurch eine Verschlimmerung der Krankheit des Kranken verursacht,

wird mit Gefängnis bis zu drei Jahren bestraft.

2. Ist die in Abs. 1 genannte Handlung aus Fahrlässigkeit begangen,

so wird der Täter mit Gefängnis bis zu sechs Monaten bestraft.

**Unbefugtes Herstellen, Verarbeiten und Verkauf betäubender Drogen und Giftmittel**

Artikel 208

1. Wer Opium, Kokain, Morphium oder andere betäubende Drogen oder Giftmittel unbefugt herstellt, verarbeitet, verkauft oder auf andere Art in Verkehr bringt oder zum Verkaufe ankauft oder transportiert,

wird mit Gefängnis von drei Monaten bis zu drei Jahren bestraft.

2. Ist die in Abs. 1 genannte Handlung gewerbsmäßig oder von mehreren Leuten, die sich zur Begehung derartiger Handlungen vereinigt haben, begangen,

so wird der Täter mit Gefängnis nicht unter sechs Monaten oder mit strengem Gefängnis bis zu fünf Jahren bestraft.

3. Die betäubenden Drogen bzw. Giftmittel sowie die Mittel zu ihrer Zubereitung werden eingezogen.

**Zubereitung und Inverkehrbringen schädlicher Lebensmittel**

Artikel 209

1. Wer schädliche Lebensmittel, Speisen, Getränke oder andere schädliche Erzeugnisse erzeugt, verkauft oder auf andere Art in Verkehr bringt,

wird mit Gefängnis von drei Monaten bis zu zwei Jahren bestraft

2. Ist die in Abs. 1 genannte Handlung aus Fahrlässigkeit begangen,

so wird der Täter mit Geldstrafe oder mit Gefängnis bis zu sechs Monaten bestraft.

3. Die schädlichen Lebensmittel und Erzeugnisse werden eingezogen.

### Ungewissenhafte Beschau von Fleisch, das zur Ernährung bestimmt ist

Artikel 210

1. Ein Tierarzt oder tierärztlicher Gehilfe, der die Beschau von Schlachtvieh oder Fleisch, das zur Ernährung bestimmt ist, ungewissenhaft vornimmt, oder die Beschau entgegen den bestehenden Vorschriften nicht vornimmt und dadurch ermöglicht, daß Fleisch, welches für die menschliche Gesundheit schädlich ist, in Verkehr gebracht wird,

wird mit Gefängnis bis zu zwei Jahren bestraft.

2. Ist die in Abs. 1 genannte Handlung aus Fahrlässigkeit begangen,

so wird der Täter mit Gefängnis bis zu sechs Monaten bestraft.

### Verunreinigung von Trinkwasser

Artikel 211

1. Wer durch Beimischen eines schädlichen Stoffes zum Trinkwasser in Quellen, Brunnen, Zisternen oder zu anderem Wasser, das Menschen als Trinkwasser dient, das Leben oder die Gesundheit von Menschen gefährdet,

wird mit Gefängnis von drei Monaten bis zu zwei Jahren bestraft.

2. Ist die in Abs. 1 genannte Handlung aus Fahrlässigkeit begangen,

so wird der Täter mit Geldstrafe oder mit Gefängnis bis zu drei Monaten bestraft.

### Schwere strafbare Handlungen gegen die menschliche Gesundheit

Artikel 212

1. Ist infolge der in den Art. 199 Abs. 1, 202 Abs. 1, 203 Abs. 1 und 2, 205, 206 Abs. 1, 207 Abs. 1, 209 Abs. 1, 210 Abs. 1 und 211 Abs. 1 dieses Gesetzbuches genannten Handlungen der Tod eines Menschen oder eine schwere Körperverletzung oder schwere Gesundheitsschädigung eingetreten,

so wird der Täter mit strengem Gefängnis bis zu zehn Jahren bestraft.

2. Ist infolge der in den Art. 199 Abs. 1, 202 Abs. 1, 205, 206 Abs. 1, 207 Abs. 1, 209 Abs. 1, 210 Abs. 1 und 211 Abs. 1 dieses Gesetzbuches der Tod mehrerer Menschen eingetreten,

so wird der Täter mit strengem Gefängnis nicht unter zwei Jahren bestraft.

3. Ist infolge der in den Art. 199 Abs. 2, 202 Abs. 2, 203 Abs. 3, 206 Abs. 2, 207 Abs. 2, 209 Abs. 2, 210 Abs. 2 und 211 Abs. 2 dieses Gesetzbuches genannten Handlungen der Tod eines Menschen oder eine schwere Körperverletzung oder eine schwere Gesundheitsschädigung eingetreten,

so wird der Täter mit Gefängnis nicht unter sechs Monaten oder mit strengem Gefängnis bis zu fünf Jahren bestraft.

4. Ist infolge der in den Art. 199 Abs. 2, 202 Abs. 2, 206 Abs. 2, 207 Abs. 2, 209 Abs. 2, 210 Abs. 2 und 211 Abs. 2 dieses Gesetzbuches genannten Handlungen der Tod mehrerer Menschen eingetreten,

so wird der Täter mit strengem Gefängnis bis zu zehn Jahren bestraft.

## Neunzehntes Hauptstück

# Strafbare Handlungen gegen die Volkswirtschaft

### Ungewissenhafte Geschäftsführung in der Wirtschaft

Artikel 213

1. Die verantwortliche Person in einem staatlichen Unternehmen, in einer Genossenschaft, in einem genossenschaftlichen oder anderen gesellschaftlichen Unternehmen, die bei der Geschäftsführung ihren Dienst offenbar nicht ordnungsgemäß versieht oder ihre Pflichterfüllung bewußt unterläßt, obgleich sie weiß, daß infolge einer derartigen Geschäftsführung für das Unternehmen oder für die Genossenschaft ein Vermögensschaden entstehen kann,

wird mit Geldstrafe oder mit Gefängnis bis zu sechs Monaten bestraft.

2. Ist durch die in Abs. 1 genannte Handlung ein erheblicher Vermögensschaden entstanden,

so wird der Täter mit Gefängnis bis zu vier Jahren bestraft.

### Herstellung unbrauchbarer Erzeugnisse

Artikel 214

1. Die verantwortliche Person in einem staatlichen, genossenschaftlichen oder anderen gesellschaftlichen Unternehmen, die unbrauchbare Erzeugnisse in größerer Menge oder von größerem Werte erzeugt,

wird mit Gefängnis bestraft.

2. Ist die in Abs. 1 genannte Handlung aus Fahrlässigkeit begangen,

so wird der Täter mit Geldstrafe oder mit Gefängnis bis zu sechs Monaten bestraft.

## Inverkehrbringen schlechter Erzeugnisse

Artikel 215

1. Die verantwortliche Person in einem staatlichen, genossenschaftlichen oder anderen gesellschaftlichen Unternehmen, die Erzeugnisse, die der festgesetzten Güte oder dem Standard nicht entsprechen, in größerer Menge oder von größerem Werte erzeugt und in Verkehr bringt,

wird mit Gefängnis bis zu drei Jahren bestraft.

2. Ist die in Abs. 1 genannte Handlung aus Fahrlässigkeit begangen,

so wird der Täter mit Geldstrafe oder mit Gefängnis bis zu sechs Monaten bestraft.

## Schädlicher Handelsbetrieb

Artikel 216

1. Die verantwortliche Person in einem staatlichen, genossenschaftlichen oder anderen gesellschaftlichen Handelsunternehmen, die unter Zuwiderhandeln gegen die bestehenden Vorschriften, Anleitungen oder Regeln des Handelsbetriebes unbrauchbare Waren anschafft oder Waren schlechter Güte als Waren normaler Güte anschafft und in Verkehr bringt,

wird mit Geldstrafe oder mit Gefängnis bis zu einem Jahre bestraft.

2. Wer unter Zuwiderhandeln gegen die bestehenden Vorschriften und Anordnungen verfügbare Waren nicht in Verkehr bringt und dadurch ein Verderben der Waren oder einen Stillstand in der Warenverteilung verursacht,

wird mit Geldstrafe oder mit Gefängnis bis zu zwei Jahren bestraft.

3. Wurde die in Abs. 1 und 2 genannte Handlung aus Fahrlässigkeit begangen,

so wird der Täter mit Geldstrafe oder mit Gefängnis bis zu sechs Monaten bestraft.

## Schädlicher Vertragsabschluß

Artikel 217

1. Wer als Vertreter eines staatlichen, genossenschaftlichen oder anderen gesellschaftlichen Unternehmens einen Vertrag abschließt, obgleich er weiß, daß derselbe für das Unternehmen schädlich ist,

wird mit Gefängnis bis zu zwei Jahren bestraft.

2. Wurde die in Abs. 1 genannte Handlung in der Absicht begangen, sich oder einem anderen einen Vermögensvorteil zu verschaffen,

so wird der Täter mit Gefängnis nicht unter drei Monaten oder mit strengem Gefängnis bis zu acht Jahren bestraft.

## Verrat eines wirtschaftlichen Geheimnisses

Artikel 218

1. Wer einem Unberufenen Dokumente oder Daten, von denen er bei seiner Beschäftigung Kenntnis erhalten hat, die aber nach ihrer Natur ein Fabrik-, Produktions- oder überhaupt ein wirtschaftliches Geheimnis zum Gegenstande haben, übergibt und mitteilt,

wird mit Gefängnis bis zu zwei Jahren bestraft.

2. Sind die Dokumente oder Daten von besonderer Wichtigkeit oder ist infolge ihres Verrates ein erheblicher Schaden für die Wirtschaft entstanden,

so wird der Täter mit Gefängnis oder strengem Gefängnis bis zu fünf Jahren bestraft.

3. In besonders schweren Fällen der in Abs. 2 genannten Handlung

wird der Täter mit strengem Gefängnis bis zu zehn Jahren bestraft.

4. Wurde die in Abs. 2 genannte Handlung aus Fahrlässigkeit begangen,

so wird der Täter mit Gefängnis bis zu zwei Jahren bestraft.

5. Mit den Strafen wegen der in Abs. 1 bis 3 genannten Handlungen wird auch derjenige bestraft, der ein Geheimnis nach Beendigung des Arbeitsverhältnisses verrät.

## Verletzung des Verkehrsverbotes mit Liegenschaften

Artikel 219

1. Wer eine Liegenschaft ohne vorhergehende Übertragungsgenehmigung, wenn eine solche erforderlich ist, überträgt oder in Besitz nimmt,

wird mit Geldstrafe oder mit Gefängnis bis zu sechs Monaten und mit Geldstrafe bestraft.

2. Mit derselben Strafe wird bestraft, wer beim unerlaubten Liegenschaftsverkehr gewerbsmäßig vermittelt.

3. Die Liegenschaft, die Gegenstand des unerlaubten Verkehrs gewesen ist, kann eingezogen werden.

4. Wer in der Absicht der Umgehung der Vorschriften über die Kontrolle des Liegenschaftsverkehrs sein Gebäude oder Vorrichtungen zerstört oder niederreißt,

wird mit Gefängnis bis zu sechs Monaten und mit Geldstrafe bestraft.

## Beschädigung von Wohn- und Geschäftsgebäuden und Räumlichkeiten

Artikel 220

Ein Mieter, Verwalter, Eigentümer oder Hausmeister, der aus Wohn- oder Geschäftsgebäuden oder aus Wohn- oder Geschäftsräumlichkeiten die äußere oder innere Einrichtung, Installationen oder Teile derselben beseitigt oder beschädigt, oder auf andere Art die Benützbarkeit von Gebäuden oder Räumlichkeiten erheblich vermindert, oder sie in unbrauchbaren Zustand versetzt,

wird mit Geldstrafe oder mit Gefängnis bis zu sechs Monaten und Geldstrafe bestraft.

## Anfertigen und Inverkehrbringen gefälschten Geldes

Artikel 221

1. Wer falsches Geld anfertigt in der Absicht, es als echt in Umlauf zu bringen, oder wer echtes Geld verfälscht in der Absicht, es in Umlauf zu bringen, oder wer derartiges falsches Geld in Umlauf bringt,

wird mit strengem Gefängnis bis zu zehn Jahren bestraft.

2. Mit derselben Strafe wird bestraft, wer sich falsches Geld verschafft in der Absicht, es als echt in Umlauf zu bringen.

3. In besonders schweren Fällen der in Abs. 1 und 2 genannten Handlung,

wird der Täter mit strengem Gefängnis nicht unter fünf Jahren bestraft; er kann auch mit Vermögenskonfiskation bestraft werden.

4. Wer falsches Geld, das er als echtes eingenommen hat, in Umlauf bringt,

wird mit Geldstrafe oder mit Gefängnis bis zu einem Jahre bestraft.

5. Wer davon Kenntnis hat, daß falsches Geld angefertigt oder in Umlauf gesetzt wurde, darüber aber keine Anzeige erstattet,

wird mit Geldstrafe oder mit Gefängnis bis zu einem Jahr bestraft.

6. Das falsche Geld wird eingezogen.

## Anfertigen und Verwenden falscher Wertzeichen

Artikel 222

1. Wer falsche Stempelmarken oder Postmarken, Stempelpapier, Schuldscheine von Staatsanleihen oder überhaupt Staatswertpapiere, Bons oder Anweisungen zur Verpflegung oder andere auf Grund gesetzlicher Ermächtigung ausgegebene Wertzeichen anfertigt, oder wer eines dieser echten Wertzeichen verfälscht und ihnen das Aussehen eines höheren Wertes gibt, in der Absicht sie als echt zu gebrauchen oder jemandem zum Gebrauch zu übergeben, oder wer ein derartiges falsches Wertzeichen als echt gebraucht oder es in derselben Absicht anschafft,

wird mit strengem Gefängnis bis zu fünf Jahren bestraft.

2. Wer durch Entfernung des Stempelaufdruckes, wodurch die in Abs. 1 genannten Wertzeichen entwertet werden, oder auf irgendeine andere Art etwas unternimmt, um diesen Wertzeichen das Aussehen zu geben, als ob sie noch nicht gebraucht wären, oder wer derartige gebrauchte Wertzeichen gebraucht oder als gültig verkauft,

wird mit Geldstrafe oder mit Gefängnis bis zu einem Jahr bestraft.

3. Wurden die in Abs. 1 und 2 genannten Handlungen gewerbsmäßig begangen oder sind Wertzeichen in großen Mengen gefälscht worden,

so wird der Täter mit strengem Gefängnis nicht unter fünf Jahren bestraft; er kann auch mit Vermögenskonfiskation bestraft werden.

## Anfertigen, Anschaffen oder Inverkehrsetzen von Fälschungsgerät

### Artikel 223

1. Wer Mittel zur Anfertigung falschen Geldes oder falscher Wertzeichen anfertigt, sich anschafft, verkauft oder zum Gebrauch übergibt,

wird mit Gefängnis oder mit strengem Gefängnis bis zu fünf Jahren bestraft.

2. Die Fälschungsmittel werden eingezogen.

## Anfertigen und Gebrauch falscher Zeichen zur Warenbezeichnung

### Artikel 224

1. Wer in der Absicht, sie als echt zu gebrauchen, falsche Zeichen zur Bezeichnung inländischer oder ausländischer Waren, wie Stempel, Siegel oder Marken, womit Gold, Silber, Vieh, Bäume oder eine andere Ware gestempelt wird, anfertigt, oder wer derartige echte Zeichen verfälscht, oder wer falsche Zeichen als echt gebraucht,

wird mit Gefängnis bis zu zwei Jahren bestraft.

2. Mit derselben Strafe wird bestraft, wer Mittel zur Anfertigung von Zeichen zur Warenbezeichnung unbefugt anfertigt, sich anschafft, verkauft oder zum Gebrauch übergibt.

3. Zeichen und Fälschungsmittel werden eingezogen.

## Falsche Warenbezeichnung

### Artikel 225

Wer in der Absicht Käufer zu täuschen, Erzeugnisse ohne Erzeugnisbezeichnung[1]), falls diese Erzeugnisse eine derartige Bezeichnung tragen müssen, in Verkehr bringt, oder wer in der

[1]) Nicht identisch mit Fabrikzeichen.

Erzeugnisbezeichnung Angaben macht, die dem Inhalte, der Art und Güte des Erzeugnisses nicht entsprechen,

wird mit Geldstrafe oder mit Gefängnis bis zu sechs Monaten bestraft.

## Unerlaubter Handel und unerlaubte Erzeugung

Artikel 226

1. Wer unbefugt berufsmäßig Handel treibt oder wer Waren oder Gegenstände, deren Verkehr verboten oder beschränkt ist, unbefugt verkauft, ankauft oder tauscht, oder wer derartige Waren oder Gegenstände unbefugt zum Handel vorrätig hält,

wird mit Geldstrafe oder mit Gefängnis bestraft.

2. Mit derselben Strafe wird bestraft, wer Waren, deren Erzeugung oder Verarbeitung verboten ist, erzeugt oder verarbeitet.

3. Waren und Gegenstände, sowie die Mittel zur Verarbeitung werden eingezogen.

## Verletzung von Preisvorschriften

Artikel 227

1. Wer für eine Ware, Gegenstände oder gewerbliche Leistungen einen Preis verlangt oder empfängt, der höher ist als der vorgeschriebene,

wird mit Geldstrafe oder mit Gefängnis bis zu sechs Monaten bestraft.

2. Waren und Gegenstände, an denen diese strafbare Handlung begangen worden ist, können eingezogen werden.

## Bevorzugung von Käufern

Artikel 228

1. Wer in einem staatlichen, genossenschaftlichen oder anderen gesellschaftlichen Handelsunternehmen in der Absicht einzelne Käufer zu bevorzugen, Waren nicht zum Verkauf ausstellt oder sie verbirgt oder ihren Verkauf anderen vorenthält,

wird mit Gefängnis bis zu einem Jahre bestraft.

2. Wer in der Absicht einzelne Käufer oder Gruppen von Konsumenten zu bevorzugen, Waren zu Preisen verkauft, die niedriger sind als jene, zu welchen er sie zum Verkauf bringen müßte, oder wer einen einzelnen Käufer durch Verkauf einer unverhältnismäßig großen Warenmenge bevorzugt,

wird mit Gefängnis bis zu drei Jahren bestraft.

3. Wurde eine unverhältnismäßig große Warenmenge in Kenntnis des Umstandes verkauft, daß sie zu Spekulationszwecken angekauft wird, oder in anderen besonders schweren Fällen

wird der Täter mit strengem Gefängnis bis zu fünf Jahren bestraft.

4. Mit der in Abs. 3 vorgeschriebenen Strafe wird auch der Käufer bestraft, der eine unverhältnismäßig große Warenmenge zu Spekulationszwecken ankauft.

## Unerlaubter Tausch und Verkauf

Artikel 229

1. Die verantwortliche Person in einem staatlichen, genossenschaftlichen oder gesellschaftlichen Unternehmen oder in einer Anstalt, Genossenschaft oder gesellschaftlichen Organisation, die entgegen den bestehenden Vorschriften oder Anleitungen mit Waren Tauschgeschäfte betreibt oder Waren unter der Bedingung verkauft, daß ihr der Käufer eine andere Ware verkauft,
wird mit Geldstrafe oder mit Gefängnis bis zu einem Jahre bestraft.

2. Die verantwortliche Person, die die in Abs. 1 genannte Handlung in der Absicht begeht, sich oder einem anderen einen Vermögensvorteil zu verschaffen oder in der Absicht jemanden zu bevorzugen,
wird mit Gefängnis bis zu drei Jahren bestraft.

3. In besonders schweren Fällen
wird der Täter mit Gefängnis nicht unter sechs Monaten oder mit strengem Gefängnis bis zu fünf Jahren bestraft.

## Vorenthalten oder Kürzen der garantierten[1]) Verpflegung

Artikel 230

Wer Bürgern das Recht auf garantierte Verpflegung rechtswidrig vorenthält, oder bei der Verabfolgung von Gegenständen der garantierten Verpflegung die Verabfolgung dessen ablehnt, was vorgeschrieben ist, oder weniger verabfolgt, als vorgeschrieben ist, oder wer Bürgern auf andere Art die garantierte Verpflegung kürzt,
wird mit Gefängnis nicht unter sechs Monaten oder mit strengem Gefängnis bis zu fünf Jahren bestraft.

## Falsches Messen

Artikel 231

Wer beim Kaufe oder Verkaufe unter Gebrauch falscher Gewichte oder Maße oder auf andere Art Waren falsch mißt,
wird mit Geldstrafe oder Gefängnis bis zu einem Jahre bestraft.

## Anfertigung und Gebrauch falscher Maße und Gewichte

Artikel 232

1. Wer falsche Maße oder Gewichte anfertigt oder echte Maße oder Gewichte verfälscht, in der Absicht, daß er oder ein anderer sie als echt gebraucht,
wird mit Gefängnis bis zu drei Jahren bestraft.

2. Der Versuch ist strafbar.

---

[1]) Verpflegung auf Grund von Lebensmittelkarten.

## Unerlaubte Spekulation

Artikel 233

1. Wer durch Verbergen, Anhäufen, oder Entziehen von Waren aus dem Verkehr oder auf andere Art auf dem Markte Warenmangel in der Absicht verursacht, durch steigern der Warenpreise einen unverhältnismäßigen Vermögensvorteil zu erreichen, oder wer in der Absicht, einen unverhältnismäßigen Vermögensvorteil zu erreichen, einen bestehenden Warenmangel durch künstliche Preissteigerung ausnützt,

wird mit Gefängnis oder strengem Gefängnis bis zu fünf Jahren bestraft.

2. Wird die in Abs. 1 genannte Handlung gewerbsmäßig begangen oder in besonders schweren Fällen

wird der Täter mit Gefängnis nicht unter sechs Monaten oder mit strengem Gefängnis bis zu zehn Jahren bestraft; er kann auch mit Vermögenskonfiskation bestraft werden.

3. Die Ware, die Gegenstand der unerlaubten Spekulation ist, wird eingezogen.

## Handel mit Goldgeld, fremder Valuta, Devisen, Edelmetallen oder Kostbarkeiten

Artikel 234

1. Wer entgegen den bestehenden Vorschriften Goldgeld, fremde Valuta, Devisen oder Edelmetalle ankauft oder verkauft oder wer mit Goldgeld, fremder Valuta, Devisen oder Edelmetallen Wechselgeschäfte betreibt, oder wer behufs Weiterverkaufes Erzeugnisse aus Edelmetallen oder andere Kostbarkeiten unbefugt ankauft oder unbefugt weiterverkauft,

wird mit Gefängnis oder strengem Gefängnis bis zu fünf Jahren bestraft.

2. Ist die in Abs. 1 genannte Handlung gewerbsmäßig begangen oder in besonders schweren Fällen,

wird der Täter mit strengem Gefängnis bis zu zehn Jahren bestraft; er kann auch mit Vermögenskonfiskation bestraft werden.

3. Goldgeld, fremde Valuta, Devisen, Gold, Edelmetalle oder Kostbarkeiten, die Gegenstand der in Abs. 1 und 2 genannten Handlung waren, werden eingezogen.

## Falsche Steuererklärungen

Artikel 235

Wer in der Absicht, sich oder einen andern der Steuerzahlung vollkommen oder teilweise zu entziehen, Staatsorganen falsche Angaben über Einkommen, über Gegenstände, die der Besteuerung unterliegen oder über andere für die Steuerbemessung wichtige Tatsachen macht,

wird mit Geldstrafe oder mit Gefängnis bis zu drei Jahren bestraft.

## Nichterfüllung der Pflichtabgabe landwirtschaftlicher Erzeugnisse

Artikel 236

1. Wer die festgesetzte Menge von Erzeugnissen, die er auf Grund gesetzlich bestimmter Verpflichtung abgeben muß, dem Staate nicht abliefert, obwohl er dies tun konnte,

wird mit Geldstrafe oder mit Gefängnis bis zu einem Jahre oder mit Gefängnis bis zu einem Jahre und mit Geldstrafe bestraft.

2. Wer die in Abs. 1 genannte Handlung begeht, obgleich er wegen einer derartigen Handlung bereits verurteilt war, oder wer diese Handlung in Verabredung mit anderen begeht,

wird mit Gefängnis nicht unter sechs Monaten und Geldstrafe oder mit strengem Gefängnis bis zu fünf Jahren bestraft.

3. Das Gericht kann wegen der in Abs. 2 genannten Handlung bei Verurteilung zu strengem Gefängnis entweder auf Geldstrafe oder auf Vermögenskonfiskation erkennen.

## Falsche Angaben in bezug auf Abgaben. Künstliche Gewichtserhöhung bei Abgaben

Artikel 237

1. Wer in der Absicht, die Abgabepflicht dem Staate gegenüber für sich oder für einen anderen zu vermindern, über das zu bearbeitende Flächenausmaß oder über andere zur Feststellung der Abgabepflicht bedeutsame Tatsachen falsche Angaben macht,

wird mit Geldstrafe oder mit Gefängnis bis zu einem Jahre oder mit Gefängnis bis zu einem Jahre und mit Geldstrafe bestraft.

2. Mit derselben Strafe wird bestraft, wer das Gewicht der Abgabe künstlich vergrößert oder verdorbene Erzeugnisse abliefert.

## Vernachlässigung der Bearbeitung eines Grundstückes und der Aufzucht von Vieh

Artikel 238

1. Wer in der Absicht, die Fechsung zu vermindern, unter Verletzung der bestehenden Vorschriften sein Grundstück nicht bearbeitet oder die Bearbeitung vernachlässigt oder den Viehstand vermindert,

wird mit Geldstrafe oder mit Gefängnis bis zu einem Jahr oder mit Gefängnis bis zu einem Jahr und mit Geldstrafe bestraft.

2. Wer die in Abs. 1 genannte Handlung begeht, obgleich er wegen einer derartigen Handlung bereits verurteilt war, oder wer diese Handlung in Verabredung mit anderen begeht,

wird mit Gefängnis nicht unter sechs Monaten und mit Geldstrafe oder mit strengem Gefängnis bis zu fünf Jahren bestraft.

3. Wegen der in Abs. 2 genannten Handlung kann das Gericht bei Verurteilung zu strengem Gefängnis entweder auf Geldstrafe oder auf Vermögenskonfiskation erkennen.

## Schädlingshandlungen in der Volkswirtschaft

Artikel 239

Wer in der Absicht, sich oder einen anderen der Abgabepflicht oder einer anderen Verpflichtung dem Staate gegenüber zu entziehen oder dieselbe zu vermindern, Maschinen, landwirtschaftliche Vorrichtungen, Geräte, Saaten, die Fechsung, Großvieh oder eine größere Anzahl von Kleinvieh vernichtet oder beschädigt,

wird mit strengem Gefängnis bis zu zehn Jahren bestraft; er kann auch mit Geldstrafe oder mit Vermögenskonfiskation bestraft werden.

## Untergraben einer Genossenschaft

Artikel 240

1. Wer als Mitglied einer landwirtschaftlichen Genossenschaft, in der Absicht die Genossenschaft zu untergraben, ihre Tätigkeit behindert, die Ordnung oder Arbeitsorganisation der Genossenschaft untergräbt und dadurch Unordnung in der Tätigkeit derselben, Nichterfüllung des Planes oder erheblichen Vermögensschaden verursacht,

wird mit Gefängnis oder mit strengem Gefängnis bis zu fünf Jahren bestraft.

2. Wegen der in Abs. 1 genannten Handlung kann das Gericht bei Verurteilung zu strengem Gefängnis entweder auf Geldstrafe oder auf Vermögenskonfiskation erkennen.

3. Wurde infolge der in Abs. 1 genannten Handlung die Genossenschaft zerschlagen,

so wird der Täter mit strengem Gefängnis bis zu fünfzehn Jahren und mit Vermögenskonfiskation bestraft.

## Verletzung der Freiwilligkeit der Mitgliedschaft in der Genossenschaft

Artikel 241

1. Wer mit Gewalt, ernstlicher Drohung oder auf andere Art den Beitritt zur Genossenschaft behindert oder verhindert, oder wer mit Gewalt oder ernstlicher Drohung zum Austritt aus der Genossenschaft nötigt,

wird mit Gefängnis nicht unter drei Monaten oder mit strengem Gefängnis bis zu fünf Jahren bestraft.

2. Wer mit Gewalt oder ernstlicher Drohung zum Eintritt in die Genossenschaft nötigt,

wird mit Gefängnis bis zu zwei Jahren bestraft.

### Herstellung schädlicher Arzneimittel für Haustiere

Artikel 242

1. Wer Arzneimittel oder Mittel zur Verhütung von Seuchen bei Haustieren oder Geflügel, die deren Leben oder Gesundheit gefährden, behufs Verkaufes herstellt oder in Verkehr bringt,

wird mit Gefängnis bis zu zwei Jahren bestraft.

2. Sind infolge der in Abs. 1 genannten Handlung Haustiere oder Geflügel in größerer Anzahl eingegangen,

so wird der Täter mit Gefängnis nicht unter sechs Monaten bestraft.

3. Ist die in Abs. 1 und 2 genannte Handlung aus Fahrlässigkeit begangen,

so wird der Täter mit Geldstrafe oder mit Gefängnis bis zu einem Jahre bestraft.

### Ungewissenhafte Gewährung tierärztlicher Hilfe

Artikel 243

1. Ein Tierarzt, der bei Gewährung tierärztlicher Hilfe ein offenbar untaugliches Mittel oder ein offenbar unrichtiges Heilverfahren vorschreibt oder anwendet oder die Heilbehandlung überhaupt ungewissenhaft vornimmt und dadurch ein Eingehen von Haustieren oder einer größeren Anzahl von Geflügel verursacht,

wird mit Gefängnis nicht unter sechs Monaten bestraft.

2. Ist die in Abs. 1 genannte Handlung aus Fahrlässigkeit begangen,

so wird der Täter mit Gefängnis von drei Monaten bis zu einem Jahre bestraft.

### Übertragung ansteckender Krankheiten unter Tieren, Pflanzen und Bäumen

Artikel 244

1. Wer Vorschriften des zuständigen Staatsorganes über Maßnahmen zur Bekämpfung oder Verhütung ansteckender Krankheiten unter Haustieren, Geflügel, Wild, Fischen, Pflanzen und Bäumen oder zur Bekämpfung oder Verhütung von Schädlingen unter Pflanzen und Bäumen nicht befolgt, insbesondere wer Anordnungen über die Beschau oder Ausscheidung von Haustieren, Bespritzen oder Bestäuben von Pflanzen und Bäumen, oder über ein Verbot des Verkehrs mit erkrankten Haustieren oder angesteckten Pflanzen und Bäumen nicht befolgt und dadurch eine Verbreitung der Krankheit verursacht,

wird mit Geldstrafe oder mit Gefängnis bis zu zwei Jahren bestraft.

2. Sind infolge der in Abs. 1 genannten Handlung Haustiere, Geflügel, Wild oder Fische eingegangen oder Gewächse in größerem Umfange abgestorben,

so wird der Täter mit Gefängnis nicht unter sechs Monaten bestraft.

3. Ist die in Abs. 1 und 2 genannte Handlung aus Fahrlässigkeit begangen,

so wird der Täter wegen der in Abs. 1 genannten Handlung mit Geldstrafe oder Gefängnis bis zu drei Monaten, wegen der in Abs. 2 genannten Handlung mit Gefängnis von drei Monaten bis zu zwei Jahren bestraft.

## Verunreinigung von Tierfutter oder Wasser

Artikel 245

1. Wer Viehfutter oder Wasser in Flüssen, Bächen, Quellen, Brunnen, Zisternen oder ein anderes Wasser, das Haustieren oder Geflügel zur Tränke dient, mit schädlichem Stoff verunreinigt und dadurch eine Gefahr für das Leben oder die Gesundheit von Haustieren oder Geflügel verursacht,

wird mit Geldstrafe oder mit Gefängnis bis zu einem Jahre bestraft.

2. Mit derselben Strafe wird bestraft, wer Wasser in Teichen, Seen, Flüssen und Bächen mit schädlichem Stoff verunreinigt und dadurch eine Gefahr für das Leben von Fischen verursacht.

3. Sind infolge der in Abs. 1 und 2 genannten Handlung Haustiere, Geflügel oder Fische in größerer Anzahl eingegangen,

so wird der Täter mit Gefängnis nicht unter drei Monaten bestraft.

## Verwüstung von Wäldern

Artikel 246

1. Wer entgegen den Vorschriften oder Anordnungen der Staatsorgane im Walde Holz-Schläge oder Rodungen durchführt, Bäume abringelt oder auf andere Art einen Wald verwüstet,

wird mit Gefängnis bis zu drei Jahren bestraft.

2. Wer in der Absicht, sich oder einem anderen einen rechtswidrigen Vermögensvorteil zu verschaffen, im Wald oder außerhalb eines Waldes einen oder mehrere Bäume fällt und dadurch einen zweitausend Dinar übersteigenden Schaden verursacht,

wird mit Geldstrafe oder mit Gefängnis bis zu einem Jahre bestraft.

3. Wird die in Abs. 1 und 2 genannte Handlung in einem Schutzwalde, Nationalpark oder in anderen, einem besonderen Zwecke gewidmeten Wäldern begangen,

so wird der Täter wegen der in Abs. 1 genannten Handlung mit Gefängnis nicht unter drei Monaten, wegen der in Abs. 2 genannten Handlung mit Gefängnis nicht unter einem Monat bestraft.

4. Sind infolge der in Abs. 2 und 3 genannten Handlung besonders schwere Folgen entstanden,

so wird der Täter mit strengem Gefängnis bis zu fünf Jahren bestraft.

### Gesetzwidriges Jagen

Artikel 247

1. Wer auf selten vorkommende oder selten gewordene Wildarten, deren Fang verboten ist, oder wer ohne besondere Bewilligung auf eine bestimmte Wildart, zu deren Fang eine solche Bewilligung erforderlich ist, Jagd ausübt, oder wer auf eine Art oder mit Mitteln jagt, durch welche das Wild in Massen vernichtet wird, oder wer auf Wild in der Schonzeit jagt,

wird mit Geldstrafe oder mit Gefängnis bis zu zwei Jahren bestraft.

2. Mit derselben Strafe wird bestraft, wer unbefugt auf fremdem Jagdgebiet jagt und sich das erbeutete Wild aneignet.

3. Die Jagdbeute und Jagdgeräte können eingezogen werden.

### Gesetzwidriges Fischen

Artikel 248

1. Wer unter Anwendung von Explosivstoffen, von Giftmitteln oder auf eine andere für die Fortpflanzung von Fischen schädliche Art fischt,

wird mit Geldstrafe oder mit Gefängnis bis zu zwei Jahren bestraft.

2. Die Fischbeute und Fischereigeräte können eingezogen werden.

Zwanzigstes Hauptstück

# Strafbare Handlungen gegen das Gesellschafts- und Privatvermögen

### Diebstahl

Artikel 249

Wer jemanden eine fremde bewegliche Sache in der Absicht wegnimmt, sich oder einem anderen durch deren Zueignung einen unrechtmäßigen Vermögensvorteil zu verschaffen,

wird mit Gefängnis nicht unter drei Monaten oder mit strengem Gefängnis bis zu fünf Jahren bestraft.

### Schwerer Diebstahl

Artikel 250

1. Wer aus einer Fabrik, aus einem Bergwerk, Arbeitsraum oder anderem Arbeitsplatz eine Maschine, einen Maschinenbestandteil, einen Teil einer technischen Vorrichtung, ein wichtiges Arbeitswerkzeug, oder wer militärische Ausrüstungsgegenstände von größerem Werte, Großvieh oder mehrere Stücke von Kleinvieh, landwirtschaftliches Arbeitsgerät von größerem Werte, oder größere Mengen von Lebensmitteln, die zur Verteilung an die Bevölkerung bestimmt sind, stiehlt,

wird mit strengem Gefängnis bis zu zwölf Jahren bestraft.

2. Mit derselben Strafe wird der Täter bestraft, wenn der Diebstahl begangen ist:

1) durch Erbrechen oder Einbrechen in verschlossene Gebäude, Zimmer, Kassen, Kasten oder andere verschlossene Räume;
2) von mehreren Personen, die sich zur Begehung von Diebstählen vereinigt haben;
3) auf besonders gefährliche und dreiste Art;
4) von jemandem, der eine Waffe oder ein gefährliches Werkzeug behufs Angriffes oder Verteidigung bei sich führte;
5) zur Zeit einer Feuersbrunst, Überschwemmung oder eines ähnlichen Unfalles;
6) von jemandem, der wegen Diebstahls, räuberischen Diebstahls oder Raubes schon mehrmals verurteilt war.

## Räuberischer Diebstahl

Artikel 251

Wer beim Diebstahl betroffen, gegen eine Person Gewalt anwendet oder mit unmittelbarem Angriff auf Leib oder Leben droht, in der Absicht, sich im Besitze der gestohlenen Sache zu erhalten,

wird mit strengem Gefängnis von zwei bis zu zwölf Jahren bestraft.

## Raub

Artikel 252

Wer durch Anwendung von Gewalt gegen eine Person oder durch Drohung mit unmittelbarem Angriff auf Leib oder Leben eine fremde bewegliche Sache wegnimmt in der Absicht, sich oder einem anderen durch deren Zueignung einen unrechtmäßigen Vermögensvorteil zu verschaffen,

wird mit strengem Gefängnis von drei bis zu fünfzehn Jahren bestraft.

## Schwere Fälle räuberischen Diebstahls und Raubes

Artikel 253

Ist der räuberische Diebstahl oder Raub mit Grausamkeit begangen oder ist bei ihrer Begehung jemand am Körper schwer verletzt oder getötet worden,

so wird der Täter mit strengem Gefängnis nicht unter fünf Jahren oder mit dem Tode bestraft.

## Unterschlagung

Artikel 254

1. Wer in der Absicht, sich oder einem anderen einen unrechtmäßigen Vermögensvorteil zu verschaffen, eine ihm anvertraute fremde bewegliche Sache sich aneignet,

wird mit Gefängnis bestraft.

2. Wird diese Handlung von einem Vormund begangen,
so wird er mit Gefängnis nicht unter drei Monaten oder mit strengem Gefängnis bis zu fünf Jahren bestraft.

3. Wer eine fremde bewegliche Sache, die er gefunden hat oder die durch Zufall in seinen Besitz gekommen ist, sich unrechtmäßig aneignet, in der Absicht, sich oder einem anderen einen Vermögensvorteil zu verschaffen,
wird mit Geldstrafe oder mit Gefängnis bis zu zwei Jahren bestraft.

4. Die Verfolgung wegen der in Abs. 1 genannten Handlung wird auf Antrag eingeleitet, wenn Privatvermögen veruntreut worden ist, die Verfolgung wegen der in Abs. 3 genannten Handlung wird stets auf Antrag eingeleitet.

## Plünderung

### Artikel 255

1. Wer in bezug auf Lebensmittel, Industrieerzeugnisse, Anweisungen auf günstigeren Ankauf von Nahrungsmitteln oder Industrieerzeugnissen, sowie in bezug auf andere Gegenstände gesellschaftlichen Vermögens, die für die Volkswirtschaft und für die Verpflegung der Bevölkerung von besonderer Bedeutung sind, strafbare Handlungen i. S. des Art. 249 bis 251 und des Art. 322 Abs. 2 dieses Gesetzbuches begeht, wird, wenn die Menge der gestohlenen oder veruntreuten Sachen von derart großem Wert ist, daß sie offenbar auf eine Rücksichtslosigkeit gegen die Allgemeinheit hinweist,
mit strengem Gefängnis nicht unter zwei Jahren bestraft.

2. Sind infolge der in Abs. 1 genannten Handlung besonders schwere Folgen für die Volkswirtschaft oder für die Verpflegung der Bevölkerung entstanden, oder ist die Handlung unter Umständen begangen, die ihr eine ausnehmende Schwere verleihen, ist sie insbesondere im Verbande einer Gruppe oder Bande begangen,
so wird der Täter mit strengem Gefängnis nicht unter zehn Jahren oder mit dem Tode bestraft.

3. Wer Sachen, von denen er weiß, daß sie durch eine in Abs. 1 und 2 genannte strafbare Handlung erworben sind, ankauft, absetzt oder verheimlicht,
wird mit strengem Gefängnis bis zu fünfzehn Jahren bestraft.

4. Bei Verurteilung auf eine Strafe über fünf Jahre strengen Gefängnisses kann das Gericht den Täter auch mit Vermögenskonfiskation bestrafen.

## Entziehung fremder Sachen

### Artikel 256

1. Wer ohne die Absicht, sich einen Vermögensvorteil zu verschaffen, rechtswidrig eine fremde bewegliche Sache wegnimmt oder sich aneignet,

wird mit Geldstrafe oder mit Gefängnis bis zu zwei Jahren bestraft.

2. Die Verfolgung wird auf Antrag eingeleitet.

## Beschädigung fremder Sachen

Artikel 257

1. Wer eine fremde Sache beschädigt, zerstört oder unbrauchbar macht,

wird mit Geldstrafe oder mit Gefängnis bis zu zwei Jahren bestraft.

2. Ist die Sache von großem Werte,

so wird der Täter mit Gefängnis nicht unter sechs Monaten oder mit strengem Gefängnis bis zu fünf Jahren bestraft.

3. Wegen der in Abs. 1 genannten Handlung wird das Verfahren auf Antrag eingeleitet, wenn die beschädigte Sache im Privateigentum steht.

## Betrug

Artikel 258

1. Wer in der Absicht, sich oder einem anderen einen rechtswidrigen Vermögensvorteil zu verschaffen, jemanden durch falsche Vorstellungen oder Unterdrückung von Tatsachen in Irrtum führt oder im Irrtum beläßt und ihn dadurch zu einer Handlung oder Unterlassung zum Nachteile seines oder fremden Vermögens verleitet,

wird mit Gefängnis nicht unter drei Monaten oder mit strengem Gefängnis bis zu fünf Jahren bestraft.

2. Wer die in Abs. 1 genannte Handlung nur in der Absicht begeht, jemanden zu schädigen,

wird mit Geldstrafe oder mit Gefängnis bis zu zwei Jahren bestraft.

3. Wer die in Abs. 1 genannte Handlung gewerbsmäßig begeht,

wird mit Gefängnis nicht unter sechs Monaten oder mit strengem Gefängnis bis zu acht Jahren bestraft.

## Kleine Diebstähle, Unterschlagungen und Betrügereien

Artikel 259

1. Wer einen Diebstahl oder eine Unterschlagung von Sachen geringen Wertes oder eine kleine Betrügerei begeht,

wird mit Geldstrafe oder mit Gefängnis bis zu sechs Monaten bestraft.

2. Wurde die in Abs. 1 genannte Handlung durch Bestehlen[1]) oder durch wiederholte Begehung von Unterschlagung oder Betrug begangen,

so wird der Täter mit Gefängnis bis zu drei Monaten bestraft.

---

[1]) Wiederholter kleiner Diebstahl; (podkradanje)

3. Ist die in Abs. 1 und 2 genannte Handlung zum Nachteile von Privatvermögen begangen, so wird die Verfolgung auf Antrag eingeleitet.

### Vertrauensmißbrauch

Artikel 260

1. Wer als Vertreter von Vermögensinteressen einer Person oder als Verwalter ihres Vermögens seine Pflicht nicht erfüllt oder die ihm erteilten Befugnisse in der Absicht mißbraucht, sich oder einem anderen einen rechtswidrigen Vermögensvorteil zu verschaffen oder denjenigen, dessen Vermögensinteressen er vertritt, zu schädigen,

wird mit Gefängnis nicht unter einem Monate bestraft.

2. Wird die in Abs. 1 genannte Handlung von einem Vormund oder Advokaten begangen,

so wird der Täter mit Gefängnis nicht unter drei Monaten oder mit strengem Gefängnis bis zu fünf Jahren bestraft.

### Erpressung

Artikel 261

1. Wer in der Absicht, sich oder einem anderen einen rechtswidrigen Vermögensvorteil zu verschaffen, jemanden durch Gewalt oder ernstliche Drohung zu einer Handlung oder Unterlassung zum Nachteile seines oder fremden Vermögens nötigt,

wird mit Gefängnis nicht unter drei Monaten oder mit strengem Gefängnis bis zu zehn Jahren bestraft.

2. Wer die in Abs. 1 genannte Handlung gewerbsmäßig begeht,

wird mit strengem Gefängnis bis zu zwölf Jahren bestraft.

### Chantage

Artikel 262

1. Wer in der Absicht, sich oder einem anderen einen rechtswidrigen Vermögensvorteil zu verschaffen, jemandem droht, er werde gegen ihn oder gegen eine ihm nahestehende Person etwas veröffentlichen, was ihre Ehre oder ihren Ruf schädigen könnte, und ihn dadurch zu einer Handlung oder Unterlassung zum Nachteil seines oder fremden Vermögens nötigt,

wird mit Gefängnis nicht unter drei Monaten bestraft.

2. Der Versuch ist strafbar.

3. Wer die in Abs. 1 genannte Handlung gewerbsmäßig betreibt,

wird mit strengem Gefängnis bis zu acht Jahren bestraft.

### Ausbeutung eines anderen behufs Verschaffung eines unverhältnismäßigen Vermögensvorteiles[1])

Artikel 263

1. Wer für eine Leistung, die er jemandem erbringt, unter Ausbeutung von dessen schwierigen Vermögenslage, Notlage, mangel-

[1]) Wucher.

hafter Erfahrung oder seines Leichtsinnes, einen unverhältnismäßigen Vermögensvorteil für sich oder für einen anderen empfängt, oder sich ausbedingt,

wird mit Gefängnis bis zu drei Jahren und mit Geldstrafe bestraft.

2. Wer die in Abs. 1 genannte Handlung gewerbsmäßig begeht,

wird mit strengem Gefängnis bis zu zehn Jahren und mit Geldstrafe bestraft.

## Schädigung fremder Rechte

Artikel 264

1. Wer in der Absicht, die Geltendmachung eines Rechtes an einer Sache zu vereiteln, seine Sache, an der jemand ein Pfandrecht oder einen Fruchtgenuß hat, veräußert, zerstört, beschädigt oder wegnimmt und ihn dadurch schädigt,

wird mit Geldstrafe oder mit Gefängnis bis zu einem Jahre bestraft.

2. Mit derselben Strafe wird bestraft, wer in der Absicht, die Befriedigung eines Gläubigers im Laufe eines Zwangsvollstreckungsverfahrens zu vereiteln, Teile seines Vermögens zerstört, beschädigt oder verheimlicht und dadurch den Gläubiger schädigt.

3. Die Verfolgung wird auf Antrag eingeleitet.

## Hehlerei

Artikel 265

1. Wer eine Sache, von der er weiß, daß sie durch eine strafbare Handlung erlangt worden ist, oder den für dieselbe durch Kauf oder Tausch empfangenen Erlös ankauft, zum Pfand nimmt oder auf andere Art an sich bringt, verheimlicht oder absetzt,

wird mit Gefängnis bis zu drei Jahren bestraft.

2. Wer die in Abs. 1 genannte Handlung begeht, obgleich er wissen konnte, daß die Sache durch eine strafbare Handlung erlangt worden ist,

wird mit Gefängnis bis zu einem Jahre bestraft.

3. Wer die in Art. 250 Abs. 1 dieses Gesetzbuches angeführten Gegenstände ankauft, zum Pfand nimmt oder auf andere Art an sich bringt, verheimlicht oder absetzt, obgleich er wußte oder wissen konnte, daß diese Gegenstände durch eine strafbare Handlung erlangt worden sind,

wird mit strengem Gefängnis bis zu fünf Jahren bestraft.

## Verfolgung in dem Falle, daß der Täter mit dem Geschädigten in naher Beziehung steht

Artikel 266

1. Wegen der in den Artikeln 249, 254 Abs. 1 und 3, 256, 257, 258 Abs. 1 und 2, 259, 260 Abs. 1, 264 und 265 genannten strafbaren

Handlungen wird die Verfolgung auf Privatklage eingeleitet, wenn sie gegen den Ehegatten, gegen einen Blutsverwandten in gerader Linie, gegen Geschwister, Adoptiveltern oder Adoptivkinder begangen sind.

2. Sind die in Abs. 1 angeführten Handlungen gegen andere Personen, mit denen der Täter im gemeinsamen Haushalt lebt, begangen, so wird die Verfolgung auf Antrag eingeleitet.

### Ein Vermögen, das in bezug auf strafrechtlichen Schutz dem Gesellschaftsvermögen gleichgestellt ist

Artikel 267

Ein Vermögen, das dem Staate, einer Genossenschaft oder gesellschaftlichen Organisation anvertraut ist oder sich auf Grund eines Gesetzes bei diesen befindet, wird in bezug auf strafrechtlichen Schutz dem Gesellschaftsvermögen gleichgestellt.

Einundzwanzigstes Hauptstück

## Strafbare Handlungen gegen die allgemeine Sicherheit von Menschen und Vermögen

### Lebens- und Vermögensgefährdung durch eine gemeingefährliche Handlung oder durch ein gemeingefährliches Mittel

Artikel 268

1. Wer durch Brandstiftung, Überschwemmung, Explosion, Giftmittel oder giftige Gase, durch Motorkraft, elektrische oder andere Energie eine Gefahr für Menschenleben oder Vermögen in größerem Umfange herbeiführt,

wird mit strengem Gefängnis bis zu zehn Jahren bestraft.

2. Wer durch eine gemeingefährliche Handlung oder durch ein gemeingefährliches Mittel eine Gefahr für Menschenleben oder Vermögen in größerem Umfange herbeiführt,

wird mit Gefängnis nicht unter drei Monaten oder mit strengem Gefängnis bis zu fünf Jahren bestraft.

3. Ist die in Abs. 1 und 2 genannte Handlung aus Fahrlässigkeit begangen,

so wird der Täter mit Gefängnis bis zu drei Jahren bestraft.

### Beschädigung von Schutzvorrichtungen in Bergwerken, Fabriken und Arbeitsstellen

Artikel 269

1. Wer in Bergwerken, Fabriken, Arbeitsräumen oder auf anderen Arbeitsplätzen Schutzvorrichtungen zerstört, beschädigt oder beseitigt und dadurch eine Gefahr für Menschenleben oder Vermögen in größerem Umfange herbeiführt.

wird mit strengem Gefängnis bis zu acht Jahren bestraft.

2. Ist die in Abs. 1 genannte Handlung aus Fahrlässigkeit begangen,

so wird der Täter mit Gefängnis bis zu drei Jahren bestraft.

**Vorschriftswidrige und regelwidrige Bauführung**

Artikel 270

1. Die verantwortliche Person, die bei der Leitung oder Ausführung eines Baues oder von Bauwerken den Vorschriften oder allgemein anerkannten technischen Regeln zuwiderhandelt und dadurch eine Gefahr für Menschenleben oder Vermögen in größerem Umfange herbeiführt,

wird mit Gefängnis nicht unter drei Monaten oder mit strengem Gefängnis bis zu fünf Jahren bestraft.

2. Ist die in Abs. 1 genannte Handlung aus Fahrlässigkeit begangen,

so wird der Täter mit Gefängnis bis zu drei Jahren bestraft.

**Gefährdung des öffentlichen Verkehrs**

Artikel 271

1. Wer durch vorschriftswidrige oder regelwidrige Fahrt, durch Gebrauch eines nicht in Ordnung sich befindlichen Fahrzeuges, durch Beschädigung von Brücken, Straßen oder Gassen, durch Aufstellung von Hindernissen oder auf andere Art den öffentlichen Verkehr auf Brücken, Straßen und Gassen so gefährdet, daß er dadurch eine Gefahr für Menschenleben oder Vermögen in größerem Umfange herbeiführt,

wird mit Gefängnis nicht unter einem Monat bestraft.

2. Wer durch Gefährdung des Eisenbahn-, Schiffs- oder Luftverkehrs eine Gefahr für Menschenleben oder Vermögen in größerem Umfange herbeiführt,

wird mit Gefängnis nicht unter drei Monaten oder mit strengem Gefängnis bis zu fünf Jahren bestraft.

3. Sind die in Abs. 1 und 2 genannten Handlungen aus Fahrlässigkeit begangen,

so wird der Täter mit Gefängnis bis zu drei Jahren bestraft.

**Ungewissenhafte Beaufsichtigung des öffentlichen Verkehrs**

Artikel 272

1. Die verantwortliche Person, der die Aufsicht über die Erhaltung von Straßen und Brücken, Verkehrsmitteln, des öffentlichen Verkehrs oder die Leitung einer Fahrt anvertraut ist, und die durch ungewissenhafte Pflichtausübung eine Gefahr für Menschenleben oder Vermögen in größerem Umfange herbeiführt,

wird mit Gefängnis nicht unter sechs Monaten oder mit strengem Gefängnis bis zu fünf Jahren bestraft.

2. Ist die in Abs. 1 genannte Handlung aus Fahrlässigkeit begangen,

so wird der Täter mit Gefängnis bis zu drei Jahren bestraft.

## Schwere strafbare Handlungen gegen die allgemeine Sicherheit

### Artikel 273

1. Ist infolge der in den Art. 268 Abs. 1 und 2, 269 Abs. 1, 270 Abs. 1, 271 Abs. 1 und 2 und 272 Abs. 1 dieses Gesetzbuches genannten Handlungen eine schwere Körperverletzung oder der Tod eines Menschen oder ein Vermögensschaden in großem Ausmaße eingetreten,

so wird der Täter mit strengem Gefängnis bestraft.

2. Ist infolge der in den Art. 268 Abs. 1 und 2, 269 Abs. 1, 270 Abs. 1, 271 Abs. 1 und 2 und 272 Abs. 1 dieses Gesetzbuches genannten Handlungen der Tod mehrerer Menschen eingetreten,

so wird der Täter mit strengem Gefängnis nicht unter fünf Jahren oder mit dem Tode bestraft.

3. Ist infolge der in den Art. 268 Abs. 3, 269 Abs. 2, 270 Abs. 2, 271 Abs. 3 und 272 Abs. 2 dieses Gesetzbuches genannten Handlungen eine schwere Körperverletzung oder der Tod eines Menschen oder ein Vermögensschaden in großem Ausmaße eingetreten,

so wird der Täter mit Gefängnis nicht unter sechs Monaten oder mit strengem Gefängnis bis zu fünf Jahren bestraft.

4. Ist infolge der in den Art. 268 Abs. 3, 269 Abs. 2, 270 Abs. 2, 271 Abs. 3 und 272 Abs. 2 dieses Gesetzbuches genannten Handlungen der Tod mehrerer Menschen eingetreten,

so wird der Täter mit strengem Gefängnis bis zu fünfzehn Jahren bestraft.

## Vorschriftswidrige Übergabe von Explosiv- und leicht entzündbaren Stoffen zur Beförderung

### Artikel 274

Wer entgegen den Beförderungsvorschriften von Explosiv- oder leicht entzündbaren Stoffen öffentlichen Verkehrsmitteln Explosiv- oder leicht entzündbare Stoffe zur Beförderung übergibt oder solche Stoffe unter Benützung öffentlicher Verkehrsmittel selbst befördert,

wird mit Geldstrafe oder mit Gefängnis bis zu einem Jahre bestraft.

## Beschädigung von Dämmen während Naturkatastrophen

### Artikel 275

Wer Vorrichtungen oder natürliche Dämme, die zum Schutze vor Naturkatastrophen dienen, beschädigt,

wird mit Geldstrafe oder mit Gefängnis bis zu zwei Jahren bestraft.

### Zerstörung, Beschädigung oder Beseitigung von Warnungszeichen

Artikel 276

Wer ein Zeichen, durch das vor einer Gefahr gewarnt wird, oder ein Zeichen, das der Verkehrssicherheit dient, zerstört, beschädigt oder beseitigt,

wird mit Geldstrafe oder mit Gefängnis bis zu zwei Jahren bestraft.

### Mißbrauch von Verständigungszeichen

Artikel 277

Wer böswillig oder ohne Not ein international vereinbartes Zeichen der Aufforderung zur Hilfeleistung oder ein Zeichen über drohende Gefahr gibt, oder wer durch ein Verständigungszeichen Sicherheit vortäuscht, oder ein international vereinbartes Verständigungszeichen mißbraucht,

wird mit Gefängnis bestraft.

### Nichtabwendung einer Gefahr

Artikel 278

1. Wer weder durch rechtzeitige Anzeige an ein Staatsorgan noch auf andere Art Vorkehrungen trifft, um eine Feuersbrunst, Überschwemmung, Explosion oder eine andere Gefahr für Menschenleben oder Vermögen in größerem Umfange abzuwenden, obwohl er dies ohne Gefahr für sich oder einen anderen tun konnte,

wird mit Gefängnis bis zu einem Jahre bestraft.

2. Wer jemanden durch Abhalten oder auf andere Art bei dessen Vorkehrungen zur Abwendung einer Feuersbrunst, Überschwemmung, Explosion oder anderen Gefahr für Menschenleben oder Vermögen in größerem Umfange hindert,

wird mit Gefängnis bis zu zwei Jahren bestraft.

## Zweiundzwanzigstes Hauptstück

# Strafbare Handlungen gegen die Rechtspflege

### Unterlassene Anzeige der Vorbereitung einer strafbaren Handlung

Artikel 279

1. Wer von der Vorbereitung der Ausführung einer strafbaren Handlung, deretwegen nach dem Gesetze auf strenges Gefängnis für die Dauer von fünf Jahren oder auf eine schwerere Strafe erkannt werden kann, Kenntnis hat, oder zu einer Zeit, als deren Ausführung noch verhindert werden konnte, davon keine Anzeige erstattet, wird, wenn die Tat versucht oder vollendet worden ist,

mit Gefängnis bis zu zwei Jahren bestraft.

2. Wurde die Vorbereitung einer strafbaren Handlung, deretwegen nach dem Gesetze auf Todesstrafe erkannt werden kann, nicht angezeigt,

so wird der Täter mit Gefängnis nicht unter sechs Monaten oder mit strengem Gefängnis bis zu zehn Jahren bestraft.

3. Wegen Unterlassens der Anzeige der Vorbereitung einer strafbaren, in Abs. 1 genannten Handlung werden nicht bestraft: der Ehegatte des Täters, sein Blutsverwandter in gerader Linie, seine Geschwister, seine Adoptiveltern oder seine Adoptivkinder.

### Unterlassene Anzeige einer strafbaren Handlung oder des Täters

Artikel 280

1. Wer vom Täter einer strafbaren Handlung, deretwegen nach dem Gesetze auf Todesstrafe erkannt werden kann, oder wer von der Begehung einer derartigen strafbaren Handlung Kenntnis hat, jedoch die Anzeige darüber unterläßt, obgleich von einer solchen Anzeige die rechtzeitige Entdeckung des Täters oder der Tat abhängig ist,

wird mit Gefängnis oder strengem Gefängnis bis zu fünf Jahren bestraft.

2. Wegen Unterlassung der Anzeige werden nicht bestraft: der Ehegatte des Täters, sein Blutsverwandter in gerader Linie, seine Geschwister, seine Adoptiveltern oder seine Adoptivkinder, sein Verteidiger oder sein Beichtvater.

### Hilfeleistung für den Täter nach Begehung einer strafbaren Handlung

Artikel 281

1. Wer den Täter einer strafbaren Handlung verbirgt oder ihm durch Verbergen von Werkzeugen, Spuren oder auf andere Art Hilfe leistet, damit er nicht entdeckt werde, oder wer einen Verurteilten verbirgt oder andere Handlungen unternimmt, die darauf abzielen, die Vollstreckung von Strafe oder von Erziehungs-Besserungsmaßnahmen oder Sicherungsmaßnahmen zu verhindern,

wird mit Gefängnis bestraft.

2. Die Strafe wegen der in Abs. 1 genannten strafbaren Handlung darf weder der Art noch der Höhe nach schwerer sein, als die Strafe, die auf die strafbare Handlung angedroht ist, hinsichtlich deren Hilfe geleistet wurde.

3. Wegen der in Abs. 1 genannten Handlung werden nicht bestraft: der Ehegatte des Täters, sein Blutsverwandter in gerader Linie, seine Geschwister, seine Adoptiveltern oder seine Adoptivkinder.

## Falsche Anzeige

Artikel 282

1. Wer anzeigt, eine bestimmte Person habe eine von Amts wegen zu verfolgende strafbare Handlung begangen, obgleich er weiß, daß diese Person nicht der Täter ist,

wird mit Gefängnis nicht unter drei Monaten bestraft.

2. Wer sich selbst der Begehung einer strafbaren Handlung anzeigt, obgleich er sie nicht begangen hat,

wird mit Geldstrafe oder mit Gefängnis bis zu drei Monaten bestraft.

3. Mit derselben Strafe wird bestraft, wer anzeigt, es sei eine von Amts wegen zu verfolgende strafbare Handlung begangen worden, obgleich er weiß, daß eine solche nicht begangen worden ist.

## Falsche Aussage

Artikel 283

1. Ein Zeuge, Sachverständiger, Übersetzer oder Dolmetsch, der vor Gericht, im Arbitrage- oder Verwaltungsverfahren falsch aussagt,

wird mit Gefängnis bis zu drei Jahren bestraft.

2. Ist die falsche Aussage im Strafverfahren abgegeben,

so wird der Täter mit Gefängnis bestraft.

3. Ist die falsche Aussage unter Eid abgegeben,

so wird der Täter wegen der in Abs. 1 genannten Handlung mit Gefängnis, wegen der in Abs. 2 genannten Handlung mit strengem Gefängnis bis zu fünf Jahren bestraft.

4. Sind infolge der in Abs. 2 und 3 genannten Handlung besonders schwere Folgen für den Beschuldigten entstanden,

so wird der Täter mit strengem Gefängnis bestraft.

5. Widerruft der Täter freiwillig seine falsche Aussage vor Erlaß der Endentscheidung,

so wird er mit Geldstrafe oder mit Gefängnis bis zu drei Monaten bestraft; das Gericht kann auch von Bestrafung absehen.

## Vereitelung der Beweisführung

Artikel 284

1. Wer in der Absicht, die Beweisführung zu vereiteln oder zu erschweren, eine fremde Urkunde unterdrückt, vernichtet, beschädigt, teilweise oder vollkommen unbrauchbar macht,

wird mit Gefängnis bis zu einem Jahr bestraft.

2. Mit derselben Strafe wird bestraft, wer in der in Abs. 1 genannten Absicht einen Grenzstein, ein Vermessungszeichen oder überhaupt ein Zeichen über das Eigentumsrecht an einer unbeweglichen Sache oder ein Zeichen zum Wassergebrauche beseitigt, vernichtet, beschädigt, verrückt oder versetzt oder wer in derselben Absicht ein solches Zeichen falsch setzt.

## Verletzung der Nichtöffentlichkeit des Untersuchungsverfahrens oder einer Verhandlung

Artikel 285

Wer unberechtigt etwas, wovon er im Untersuchungsverfahren oder bei einer Verhandlung vor Gericht oder im Arbitrageverfahren Kenntnis erhalten hat, was durch Anordnung des Untersuchungsorganes oder Gerichtes bzw. der Arbitrage als geheim erklärt worden ist, an die Öffentlichkeit bringt,

wird mit Geldstrafe oder mit Gefängnis bis zu zwei Jahren bestraft.

## Meuterei von Gefangenen

Artikel 286

1. Personen, die ihre Strafe in einer Straf-Besserungsanstalt verbüßen, Untersuchungshäftlinge oder Häftlinge, welche sich in der Absicht zusammenrotten, gewaltsam auszubrechen oder vereint die Personen anzugreifen, deren Aufsicht sie anvertraut sind, oder sie durch Gewalt oder Drohung mit unmittelbarer Gewaltanwendung zu einer pflichtwidrigen Handlung oder Unterlassung zu nötigen,

werden mit Gefängnis bis zu drei Jahren bestraft.

2. Die an der in Abs. 1 genannten Handlung Beteiligten, die Gewalt oder Drohung anwenden,

werden mit strengem Gefängnis bis zu acht Jahren bestraft.

## Entweichung Gefangener

Artikel 287

Wer durch Gewaltanwendung oder durch Drohung mit unmittelbarer Gewaltanwendung aus einer Straf-Besserungsanstalt, der Untersuchungshaft oder Haft entweicht,

wird mit Gefängnis oder strengem Gefängnis bis zu fünf Jahren bestraft.

## Entweichenlassen von Gefangenen

Artikel 288

1. Wer durch Gewalt, Drohung, Täuschung oder auf andere Art jemanden, der in einer Straf-Besserungsanstalt Strafe verbüßt, oder einem Untersuchungshäftling, Häftling oder Minderjährigen, der sich in einem Erziehungs-Besserungsheim befindet, das Entweichen ermöglicht,

wird mit Gefängnis oder strengem Gefängnis bis zu fünf Jahren bestraft.

2. Ist die in Abs. 1 genannte Handlung von mehreren vereint begangen,

so werden sie mit strengem Gefängins bis zu acht Jahren bestraft.

Dreiundzwanzigstes Hauptstück

# Strafbare Handlungen gegen die öffentliche Ordnung und gegen den Rechtsverkehr

### Hinderung einer Amtsperson an einer Amtshandlung

Artikel 289

1. Wer eine Amtsperson durch Gewalt oder Drohung mit unmittelbarer Gewaltanwendung an einer Amtshandlung hindert oder sie auf diese Weise zu einer Amtshandlung nötigt,

wird mit Gefängnis bis zu zwei Jahren bestraft.

2. Hat der Täter bei der Begehung der in Abs. 1 genannten Handlung eine Amtsperson beleidigt, mißhandelt, ihr eine leichte Körperverletzung zugefügt oder sie mit Waffen bedroht,

so wird er mit Gefängnis bis zu drei Jahren bestraft.

3. Der Versuch ist strafbar.

4. Wurde der Täter der in Abs. 1 und 2 genannten Handlung durch gesetzwidriges oder rohes Verhalten der Amtsperson herausgefordert,

so wird er mit Geldstrafe oder mit Gefängnis bis zu sechs Monaten bestraft; das Gericht kann auch von Bestrafung absehen.

### Beteiligung an einer Zusammenrottung zur Hinderung einer Amtsperson in ihrer Amtstätigkeit

Artikel 290

1. Wer sich an einem Menschenauflauf beteiligt, der mit vereinten Kräften eine Amtsperson an einer Amtshandlung hindert oder zu hindern versucht oder sie auf diese Weise zu einer Amtshandlung nötigt,

wird schon wegen dieser Beteiligung mit Gefängnis bis zu einem Jahre bestraft.

2. Der Rädelsführer der Zusammenrottung, welche die in Abs. 1 genannte Handlung begangen hat,

wird mit Gefängnis bis zu drei Jahren bestraft.

### Aufforderung zum Widerstand

Artikel 291

1. Wer andere zum Widerstand oder Ungehorsam gegen gesetzliche Entscheidungen oder Maßnahmen von Staatsorganen oder gegen eine Amtsperson während der Ausübung einer Amtshandlung auffordert,

wird mit Gefängnis bestraft.

2. Wurde infolge der in Abs. 1 genannten Handlung die gesetzliche Entscheidung oder die Maßnahme des Staatsorganes nicht ausgeführt oder erheblich erschwert,

so wird der Täter mit strengem Gefängnis von zwei bis zu fünf Jahren bestraft.

**Ungehorsam gegen die Anordnung sich zu entfernen**

Artikel 292

1. Wer sich aus einer Menschenmenge, die von einer zuständigen Amtsperson oder Militärperson zum Auseinandergehen aufgefordert worden ist, nicht entfernt,

wird mit Geldstrafe oder mit Gefängnis bis zu drei Monaten bestraft.

2. Mit derselben Strafe wird bestraft, wer sich auf die Aufforderung der zuständigen Amtsperson oder Militärperson hin nicht von einem Orte entfernt, wo der Aufenthalt verboten ist.

**Nichtbeteiligung an der Abwendung einer Gemeingefahr**

Artikel 293

Wer entgegen der Aufforderung des zuständigen Staatsorganes die Beteiligung an der Abwendung einer Feuers-, Überschwemmungs- oder ähnlichen Unfallsgefahr berechtigten Grund verweigert,

wird mit Geldstrafe oder mit Gefängnis bis zu drei Monaten bestraft.

**Entfernung oder Beschädigung eines amtlichen Siegels oder Zeichens**

Artikel 294

1. Wer ein amtliches Siegel oder ein Zeichen, das eine berechtigte Amtsperson behufs Sicherung von Gegenständen oder Räumen angebracht hat, entfernt oder beschädigt, oder wer ohne Entfernung oder Beschädigung eines Siegels oder Zeichens einen derartigen Raum betritt,

wird mit Geldstrafe oder mit Gefängnis bis zu einem Jahr bestraft.

2. Der Versuch ist strafbar.

**Beseitigen oder Vernichten eines Amtssiegels oder amtlicher Schriftstücke**

Artikel 295

1. Wer ein amtliches Siegel, ein Buch, ein Schriftstück oder eine Urkunde, die einer staatlichen Anstalt oder einem Unternehmen gehört, oder sich bei ihnen befindet, wegnimmt, unterdrückt, vernichtet, beschädigt oder auf andere Art unbrauchbar macht,

wird mit Gefängnis bis zu drei Jahren bestraft.

2. Der Versuch ist strafbar.

## Amtsanmaßung

Artikel 296

1. Wer in der Absicht, sich oder einem anderen einen Vorteil zu verschaffen, oder jemandem einen Schaden zuzufügen, sich die Stellung einer Amtsperson anmaßt oder unbefugt Zeichen einer Amtsperson oder Militärperson trägt,

wird mit Geldstrafe oder mit Gefängnis bis zu zwei Jahren bestraft.

2. Wer eine Handlung vornimmt, die nur von einer bestimmten Amtsperson vorgenommen werden darf,

wird mit Gefängnis bis zu zwei Jahren bestraft.

## Eigenmacht

Artikel 297

Wer sein Recht oder ein vermeintlich ihm zustehendes Recht sich eigenmächtig verschafft,

wird mit Geldstrafe oder mit Gefängnis bis zu sechs Monaten bestraft.

## Verabredung zur Begehung einer strafbaren Handlung

Artikel 298

Wer sich mit jemandem zur Begehung einer bestimmten strafbaren Handlung verabredet, deretwegen nach dem Gesetze auf strenges Gefängnis von fünf Jahren oder auf eine schwerere Strafe erkannt werden kann,

wird mit Gefängnis bis zu einem Jahre bestraft.

## Verbrecherische Vereinigung

Artikel 299

1. Wer eine Gruppe oder Bande organisiert, die zum Ziele hat, strafbare Handlungen zu begehen, deretwegen nach dem Gesetze auf strenges Gefängnis von fünf Jahren oder auf eine schwerere Strafe erkannt werden kann,

wird mit Gefängnis nicht unter drei Monaten oder mit strengem Gefängnis bis zu fünf Jahren bestraft.

2. Mitglieder einer solchen Gruppe oder Bande werden mit Gefängnis bis zu einem Jahre bestraft.

3. Das Gericht hat von der Bestrafung des Mitgliedes einer Gruppe oder Bande abzusehen, das die Gruppe oder Bande verrät, ehe es in seiner Bande oder für diese eine strafbare Handlung begangen hat.

**Anfertigung und Anschaffung von Waffen und Mitteln, die zur Begehung einer strafbaren Handlung bestimmt sind**

Artikel 300

1. Wer Waffen, Sprengstoffe oder Mittel zu ihrer Anfertigung sowie Gifte, wovon er weiß, daß sie zur Begehung einer strafbaren Handlung bestimmt sind, anfertigt, anschafft oder jemandem ihren Besitz ermöglicht,

wird mit Gefängnis oder strengem Gefängnis bis zu fünf Jahren bestraft.

2. Wer einen falschen Schlüssel, Dietrich oder ein anderes Einbruchswerkzeug anfertigt oder jemandem überläßt, obgleich er weiß, daß es zur Begehung einer strafbaren Handlung bestimmt ist,

wird mit Gefängnis bis zu zwei Jahren bestraft.

**Unerlaubter Besitz von Waffen oder Sprengstoffen**

Artikel 301

Wer sich Waffen oder Sprengstoffe, deren Anschaffen oder Verkauf überhaupt nicht erlaubt ist, unbefugt anschafft, verkauft oder im Besitze hält,

wird mit Gefängnis bis zu zwei Jahren bestraft.

**Beteiligung an einer Menschenmenge, die eine strafbare Handlung begeht**

Artikel 302

1. Wer sich an einer Menschenmenge beteiligt, die mit vereinten Kräften jemanden tötet oder ihm eine schwere Körperverletzung zufügt, Brandstiftung begeht, Vermögen in größerem Umfange beschädigt, andere schwere Gewalttätigkeiten verübt oder derartige Handlungen zu begehen versucht,

wird schon wegen dieser Beteiligung mit Gefängnis nicht unter drei Monaten oder mit strengem Gefängnis bis zu drei Jahren bestraft.

2. Der Rädelsführer einer Menschenmenge, die eine in Abs. 1 genannte Handlung begeht,

wird mit strengem Gefängnis bis zu zehn Jahren bestraft.

**Unerlaubte Überschreitung der Staatsgrenze**

Artikel 303

1. Wer die Grenze der FVRJ, ohne Bewilligung überschreitet,

wird mit Gefängnis bis zu zwei Jahren bestraft.

2. Der Versuch ist strafbar.

3. Wer ein Netz zur unerlaubten Überschreitung der Grenze der FVRJ organisiert oder auf andere Art anderen zur unerlaubten Grenzüberschreitung systematisch Hilfe leistet,

wird mit strengem Gefängnis bis zu fünf Jahren bestraft.

### Mißbrauch eines Hilfs- und Warnungszeichens

Artikel 304

Wer ein Hilfesignal oder Gefahrzeichen mißbraucht oder sich ohne Grund eines Notrufes bedient in der Absicht, das Ausrücken von Staatsorganen oder der Feuermiliz oder eine Verkehrseinstellung zu verursachen,

wird mit Geldstrafe oder Gefängnis bis zu sechs Monaten bestraft.

### Glücksspiel

Artikel 305

1. Wer gewerbsmäßig Glücksspiel betreibt oder andere dazu anlockt,

wird mit Geldstrafe oder mit Gefängnis bis zu einem Jahre und mit Geldstrafe bestraft.

2. Mit derselben Strafe wird bestraft, wer gegen Entgelt Räumlichkeiten zum Glücksspiel zur Verfügung stellt oder auf andere Art gegen Entgelt Glücksspiele ermöglicht.

3. Wer sich beim Glücksspiel falscher Karten oder einer anderen Täuschung bedient,

wird mit strengem Gefängnis bis zu fünf Jahren und mit Geldstrafe bestraft.

4. Mit derselben Strafe wird bestraft, wer ein Glücksspiel mit jemandem ermöglicht, von dem er weiß oder wissen konnte, daß er durch Begehung einer strafbaren Handlung zu Geld gekommen ist.

5. Die Gegenstände des Glücksspieles und das beim Glücksspiel betroffene Geld wird eingezogen.

### Urkundenfälschung

Artikel 306

1. Wer eine falsche Urkunde anfertigt oder eine echte Urkunde verfälscht in der Absicht, sie als echt zu gebrauchen, oder wer eine falsche oder verfälschte Urkunde als echt gebraucht,

wird mit Gefängnis bis zu zwei Jahren bestraft.

2. Der Versuch ist strafbar.

3. Bezieht sich die in Abs. 1 genannte Handlung auf eine öffentliche Urkunde, auf ein Testament, einen Wechsel, Scheck, auf ein öffentliches Buch, Dienstbuch oder anderes Buch, das auf Grund Gesetzes geführt werden muß,

so wird der Täter mit Gefängnis oder strengem Gefängnis bis zu fünf Jahren bestraft.

### Besondere Fälle von Urkundenfälschung

Artikel 307

Urkundenfälschung wird angenommen und nach Art 306 dieses Gesetzbuches macht sich strafbar:

1) wer ein Papier, Blankett oder einen anderen Gegenstand, worauf jemand seine Unterschrift gesetzt hat, mit einer Erklärung, die für Rechtsverhältnisse von Bedeutung ist, unbefugt ausfüllt;
2) wer jemanden über den Inhalt einer Urkunde täuscht und dieser auf diese Urkunde seine Unterschrift setzt in der Meinung, er unterschreibe eine andere Urkunde oder einen anderen Inhalt;
3) wer eine Urkunde im Namen einer Person ohne ihre Genehmigung oder im Namen einer nicht bestehenden Person ausstellt;
4) wer als Aussteller einer Urkunde seiner Unterschrift eine Stellung oder einen Rang beisetzt, obgleich er keine derartige Stellung oder keinen derartigen Rang hat, dieser Zusatz aber für den Beweiswert der Urkunde von wesentlicher Bedeutung ist;
5) wer eine Urkunde in der Weise herstellt, daß er einen echten Stempelaufdruck oder ein echtes Zeichen unbefugt verwendet.

### Beglaubigung eines falschen Inhaltes

Artikel 308

1. Wer durch Irreführung eines zuständigen Organs bewirkt, daß dieses in einer öffentlichen Urkunde, in einem Protokoll oder Buch eine unwahre Tatsache, die im Rechtsverkehr als Beweis zu dienen hat, beglaubigt,

wird mit Gefängnis oder mit strengem Gefängnis bis zu fünf Jahren bestraft.

2. Mit derselben Strafe wird bestraft, wer eine solche Urkunde, Protokoll oder Buch gebraucht, obgleich er weiß, daß sie unwahr sind.

### Ausstellung und Gebrauch eines unwahren ärztlichen oder tierärztlichen Zeugnisses

Artikel 309

1. Ein Arzt oder Tierarzt, der ein unwahres ärztliches bzw. tierärztliches Zeugnis ausstellt, obgleich er weiß, daß es unwahr ist,

wird mit Gefängnis bis zu zwei Jahren bestraft.

2. Wer ein unwahres ärztliches bzw. tierärztliches Zeugnis gebraucht, obgleich er weiß, daß es unwahr ist,

wird mit Geldstrafe oder mit Gefängnis bis zu sechs Monaten bestraft.

### Winkelschreiberei

Artikel 310

Wer gewerbsmäßig und gegen Entgelt Parteien Rechtshilfe erteilt, obgleich er dazu nicht berechtigt ist,

wird mit Geldstrafe oder mit Gefängnis bis zu einem Jahr bestraft.

### Mißbrauch des Glaubens und der Kirche zu politischen Zwecken

Artikel 311

Ein Religionsdiener, der die Freiheit der Ausübung religiöser Verrichtungen oder religiöser Zeremonien zu Zwecken mißbraucht, die der Verfassungsordnung zuwiderlaufen,

wird mit Gefängnis bis zu zwei Jahren bestraft.

### Gesetzwidrige Trauung

Artikel 312

Wer das Zeremoniell der Trauung nach den Vorschriften eines Glaubensbekenntnisses vornimmt, bevor die Ehe vor dem zuständigen Staatsorgan geschlossen worden ist,

wird mit Geldstrafe oder mit Gefängnis bis zu einem Jahre bestraft.

### Störung religiöser Zeremonien

Artikel 313

Wer religiöse Zeremonien stört oder verhindert,

wird mit Geldstrafe oder mit Gefängnis bis zu einem Jahre bestraft.

## Vierundzwanzigstes Hauptstück

# Strafbare Handlungen gegen die Amtspflicht

### Mißbrauch der Amtsstellung oder Amtsbefugnis

Artikel 314

1. Eine Amtsperson, die in der Absicht sich oder einem anderen einen Vorteil zu verschaffen oder jemandem einen Schaden zuzufügen, ihre amtliche Stellung oder Befugnis mißbraucht, die Grenzen ihrer Amtsbefugnis überschreitet oder ihre Pflicht nicht erfüllt,

wird mit Gefängnis bis zu drei Jahren bestraft.

2. Wurde durch die in Abs. 1 genannte Handlung einer staatlichen oder gesellschaftlichen Anstalt oder Unternehmen ein erheblicherer Schaden oder eine Verletzung der Bürgerrechte verursacht,

so wird der Täter mit Gefängnis nicht unter sechs Monaten oder mit strengem Gefängnis bis zu fünf Jahren bestraft.

3. In besonders schweren Fällen der in Abs. 2 genannten Handlung

wird der Täter mit strengem Gefängnis bis zu acht Jahren bestraft.

**Rechtsbeugung**

Artikel 315

1. Ein Richter, der in der Absicht, jemandem einen Vorteil zu verschaffen oder ihm einen Schaden zuzufügen, eine gesetzwidrige Entscheidung erläßt oder auf andere Art das Gesetz beugt,

wird mit Gefängnis nicht unter drei Monaten oder mit strengem Gefängnis bis zu fünf Jahren bestraft.

2. In besonders schweren Fällen

wird der Täter mit strengem Gefängnis bis zu zehn Jahren bestraft.

**Gesetzwidrige Befreiung von Gefangenen**

Artikel 316

Eine Amtsperson, die einen Gefangenen, der ihr zur Bewachung anvertraut ist, gesetzwidrig befreit, ihm beim Entweichen behilflich ist, oder ihm eine unerlaubte Verbindung oder Schriftenwechsel behufs Vorbereitung zur Entweichung ermöglicht,

wird mit Gefängnis nicht unter drei Monaten oder mit strengem Gefängnis bis zu fünf Jahren bestraft.

**Ungewissenhafte Amtsführung**

Artikel 317

1. Eine Amtsperson, die ihre Amtspflicht offenbar nicht ordnungsgemäß ausübt oder das Gesetz oder die Dienstvorschriften bewußt nicht beobachtet, obgleich sie weiß, daß infolge eines derartigen Gebarens einer staatlichen oder gesellschaftlichen Anstalt oder Unternehmen ein Schaden entstehen oder Bürgerrechte verletzt werden können,

wird mit Geldstrafe oder mit Gefängnis bis zu sechs Monaten bestraft.

2. Ist infolge einer in Abs. 1 genannten Handlung für eine staatliche oder gesellschaftliche Anstalt oder Unternehmen ein erheblicherer Schaden entstanden oder ein Bürgerrecht verletzt worden,

so wird der Täter mit Gefängnis bis zu vier Jahren bestraft.

**Gesetzwidriges Erheben und gesetzwidrige Auszahlung**

Artikel 318

1. Eine Amtsperson, die von jemandem etwas erhebt, was dieser zu zahlen nicht verpflichtet ist, oder mehr erhebt, als dieser zu zahlen verpflichtet ist,

wird mit Gefängnis bis zu zwei Jahren bestraft.

2. Mit derselben Strafe wird auch eine Amtsperson bestraft, die bei der Auszahlung oder Ausfolgung von Gegenständen weniger auszahlt oder weniger ausfolgt.

## Verfälschung und Vernichtung einer Amtsurkunde, eines Buches oder Akte

Artikel 319

1. Eine Amtsperson, die in eine Amtsurkunde, in ein Dienstbuch oder in eine Akte unwahre Tatsachen einträgt, eine wichtige Angabe nicht einträgt, mit ihrer Unterschrift bzw. Amtssiegel eine Amtsurkunde, ein Dienstbuch oder eine Akte unwahren Inhaltes beglaubigt, oder mit ihrer Unterschrift bzw. Amtssiegel die Anfertigung einer Amtsurkunde, eines Dienstbuches oder eine Akte unwahren Inhaltes ermöglicht,

wird mit Gefängnis nicht unter drei Monaten oder mit strengem Gefängnis bis zu fünf Jahren bestraft.

2. Mit derselben Strafe wird auch eine Amtsperson bestraft, die eine unwahre Amtsurkunde, ein Dienstbuch oder eine Akte im Dienste gebraucht, als ob sie wahr wäre, oder die eine Amtsurkunde, ein Dienstbuch oder eine Akte vernichtet, unterdrückt, in größerem Maße beschädigt oder auf andere Art unbrauchbar macht.

## Verrat des Amtsgeheimnisses

Artikel 320

1. Eine Amtsperson, die einem Unberufenen vertrauliche Dokumente oder Daten, von denen sie im Dienste Kenntnis erhalten hat, und die ihrer Natur nach ein Amtsgeheimnis bilden, übergibt oder mitteilt,

wird mit Gefängnis bis zu zwei Jahren bestraft.

2. Betrifft die in Abs. 1 genannte Handlung besonders bewahrte Dokumente oder Daten, oder wurde sie von einer Amtsperson begangen, die in die vertraulichen Dokumente oder Daten besonders eingeweiht oder zu ihrer Bewahrung bestimmt war,

so wird der Täter mit strengem Gefängnis bis zu fünf Jahren bestraft.

3. In besonders schweren Fällen der in Abs. 2 genannten Handlung

wird der Täter mit strengem Gefängnis bis zu zehn Jahren bestraft.

4. Ist die in Abs. 2 genannte Handlung aus Fahrlässigkeit begangen,

so wird der Täter mit Gefängnis bis zu zwei Jahren bestraft.

5. Mit den in Abs. 1, 2 und 3 genannten Strafen wird auch bestraft, wer vertrauliche Dokumente oder Daten nach Beendigung des Dienstverhältnisses übergibt oder mitteilt.

## Rechtswidrige Aneignung von Sachen bei einer Durchsuchung oder Vollstreckung

Artikel 321

Eine Amtsperson, die bei einer Hausdurchsuchung, Durchsuchung von Räumen, bei einer Personendurchsuchung oder bei der Durchführung der Vollstreckung im Konfiskations-, Sequestrations- oder Exekutionsverfahren eine bewegliche Sache in der Absicht wegnimmt, durch deren Zueignung sich oder einem anderen einen unrechtmäßigen Vermögensvorteil zu verschaffen,

wird mit strengem Gefängnis bis zu zehn Jahren bestraft.

## Veruntreuung

Artikel 322

1. Eine Amtsperson, die in der Absicht, sich oder einem anderen einen Vermögensvorteil zu verschaffen, Geld, Wertpapiere oder andere bewegliche Sachen, die ihr im Dienste anvertraut sind, sich rechtswidrig aneignet,

wird mit Gefängnis nicht unter drei Monaten oder mit strengem Gefängnis bis zu fünf Jahren bestraft.

2. Ist eine erhebliche Summe Geldes oder eine Sache von großem Werte veruntreut worden,

so wird der Täter mit strengem Gefängnis bis zu zehn Jahren bestraft.

## Gebrauch

Artikel 323

1. Eine Amtsperson, die Geld, Wertpapiere oder andere bewegliche Sachen, die ihr im Dienste anvertraut sind, unbefugt gebraucht oder anderen zum Gebrauch unbefugt übergibt,

wird mit Gefängnis von drei Monaten bis zu drei Jahren bestraft.

2. Ist die in Abs. 1 genannte Handlung in Spekulationsabsicht begangen,

so wird der Täter mit strengem Gefängnis bis zu zehn Jahren bestraft.

## Gesetzwidrige Vermittlung

Artikel 324

1. Eine Amtsperson, die außerhalb ihrer Amtsbefugnis unter Ausnützung ihrer Amtsstellung gegen Entgelt oder gegen einen anderen Vorteil vermittelt, daß eine Amtshandlung, die auch ohnedies vorgenommen werden müßte, vorgenommen wird, oder daß eine Amtshandlung, die ohnedies nicht vorgenommen werden dürfte, nicht vorgenommen wird,

wird mit Gefängnis bis zu zwei Jahren bestraft.

2. Eine Amtsperson, die außerhalb ihrer Amtsbefugnis unter Ausnützung ihrer Amtsstellung vermittelt, daß eine Amtshandlung, die nicht vorgenommen werden dürfte, vorgenommen wird, oder daß eine Amtshandlung, die vorgenommen werden müßte, nicht vorgenommen wird,

wird mit Gefängnis nicht unter drei Monaten bestraft.

3. Ist die für die in Abs. 2 genannte Vermittlung ein Entgelt oder ein anderer Vorteil empfangen worden,

so wird der Täter mit strengem Gefängnis bis zu fünf Jahren bestraft.

## Passive Bestechung

### Artikel 325

1. Eine Amtsperson, die ein Geschenk oder einen anderen Vorteil fordert oder annimmt, oder sich ein Geschenk oder einen anderen Vorteil versprechen läßt, um innerhalb ihrer Amtsbefugnis eine Amtshandlung vorzunehmen, die sie nicht vornehmen dürfte, oder um eine Amtshandlung nicht vorzunehmen, die sie vornehmen müßte,

wird mit Gefängnis nicht unter drei Monaten oder mit strengem Gefängnis bis zu acht Jahren bestraft.

2. Eine Amtsperson, die ein Geschenk oder einen anderen Vorteil fordert oder annimmt, oder sich ein Geschenk oder einen anderen Vorteil versprechen läßt, um innerhalb ihrer Amtsbefugnis eine Amtshandlung vorzunehmen, die sie vornehmen müßte, oder um eine Amtshandlung nicht vorzunehmen, die sie ohnedies nicht vornehmen dürfte,

wird mit Gefängnis bis zu drei Jahren bestraft.

3. Eine Amtsperson, die nach der Vornahme bzw. Nichtvornahme der in Abs. 1 und 2 genannten Amtshandlung und in Beziehung auf dieselbe ein Geschenk oder einen anderen Vorteil fordert oder annimmt,

wird mit Gefängnis bis zu einem Jahre bestraft.

4. Das erhaltene Geschenk oder der Vermögensvorteil wird eingezogen.

## Aktive Bestechung

### Artikel 326

1. Wer einer Amtsperson ein Geschenk oder einen anderen Vorteil gibt oder verspricht, damit sie innerhalb ihrer amtlichen Befugnis eine Amtshandlung vornimmt, die sie nicht vornehmen dürfte, oder damit sie eine Amtshandlung nicht vornimmt, die sie vornehmen müßte, oder wer bei einer derartigen Bestechung einer Amtsperson vermittelt,

wird mit Gefängnis nicht unter zwei Monaten bestraft.

2. Wer einer Amtsperson ein Geschenk oder einen anderen Vorteil gibt oder verspricht, damit sie innerhalb ihrer amtlichen Befugnis eine Amtshandlung vornimmt, die sie vornehmen müßte, oder damit sie eine Amtshandlung nicht vornimmt, die sie nicht vornehmen dürfte, oder wer bei einer derartigen Bestechung einer Amtsperson vermittelt,

wird mit Gefängnis bis zu zwei Jahren bestraft.

3. Von der Bestrafung des Bestechenden kann abgesehen werden, wenn das Bestechungsgeld von ihm gefordert wurde, er aber sofort nach der Hingabe freiwillig Anzeige erstattet.

4. Das gegebene Geschenk oder der Vermögensvorteil wird eingezogen; im Falle des Abs. 3 können diese dem Bestechungsgeber zurückerstattet werden.

## Fünfundzwanzigstes Hauptstück

# Strafbare Handlungen gegen die bewaffnete Macht

### Nichtbefolgung und Verweigerung der Befolgung eines Befehles

Artikel 327

1. Eine Militärperson, die einen dienstlichen Befehl eines Vorgesetzten nicht befolgt,
   wird mit Gefängnis bis zu zwei Jahren bestraft.

2. Eine Militärperson, die sich weigert, einen dienstlichen Befehl eines Vorgesetzten zu befolgen,
   wird mit Gefängnis bestraft.

3. Sind infolge der in Abs. 1 und 2 genannten Handlung schwere Folgen entstanden,
   so wird der Täter mit strengem Gefängnis bis zu acht Jahren bestraft.

4. Hat der Täter bei der Begehung der in Abs. 1 und 2 genannten Handlung Gewalt angewendet oder mit Waffengebrauch gedroht,
   so wird er mit strengem Gefängnis bestraft.

5. In besonders schweren Fällen der Nichtbefolgung oder Verweigerung der Befolgung eines Befehles, oder im Falle der Begehung der in Abs. 2, 3 und 4 genannten Handlungen im Bereitschafts-, Mobil- oder Kriegszustande,
   wird der Täter mit strengem Gefängnis oder mit dem Tode bestraft.

6. Wer eine Militärperson zur Nichtbefolgung eines Befehles oder zur Verweigerung der Befolgung des Befehles eines Vorgesetzten verleitet,
   wird mit Gefängnis bis zu zwei Jahren bestraft.

### Widersetzung gegenüber einem Vorgesetzten

Artikel 328

1. Eine Militärperson, die sich dem Befehle eines Vorgesetzten zusammen mit anderen Militärpersonen widersetzt und diesen nicht befolgen will, oder sich weigert, ihre Dienstpflicht zu erfüllen,
   wird mit strengem Gefängnis bestraft.

2. Eine Militärperson, die sich zusammen mit anderen Militärpersonen organisiert oder nach vorhergegangener Verabredung dem Befehle eines Vorgesetzten sich widersetzt und ihn nicht befolgen will oder sich weigert, ihre Dienstpflicht zu erfüllen,
   wird mit strengem Gefängnis nicht unter fünf Jahren, der Organisator aber mit strengem Gefängnis nicht unter acht Jahren oder mit dem Tode bestraft.

3. Kommt es nicht zur Ausführung der in Abs. 2 genannten Handlung,
   so wird der Organisator mit strengem Gefängnis nicht unter fünf Jahren, die an der Verabredung Beteiligten

aber mit strengem Gefängnis von drei bis zu zehn Jahren bestraft.

4. Der militärische Vorgesetzte, der sich auf irgendwelche Art bei der in Abs. 1 bis 3 genannten Handlung beteiligt,

wird mit strengem Gefängnis nicht unter zehn Jahren oder mit dem Tode bestraft.

5. Der militärische Vorgesetzte, der im Falle der in Abs. 1 und 2 genannten Handlung nicht die erforderlichen Maßnahmen zur Wiederherstellung der Ordnung ergreift,

wird mit strengem Gefängnis bis zu zehn Jahren bestraft.

**Widersetzung gegenüber einem Wachposten, einer Wache, Patrouille, einem Taghabenden oder einer anderen Militärperson, die einen ähnlichen Dienst versieht**

Artikel 329

Eine Militärperson, die sich einem Wachposten, einer Wache, einer Patrouille, einem Taghabenden oder einer anderen Militärperson in einem ähnlichen Dienste, solange diese ihre Dienstpflicht versehen, widersetzt, sowie eine Militärperson, die deren Weisung oder Befehl nicht befolgt,

wird mit Gefängnis bis zu einem Jahre bestraft.

**Nötigung zur Verletzung der Dienstpflicht**

Artikel 330

1. Wer mit Gewalt oder durch Drohung mit unmittelbarer Gewaltanwendung eine Militärperson an der Erfüllung ihrer Dienstpflicht hindert, oder sie auf solche Weise zur Erfüllung der Dienstpflicht nötigt,

wird mit Gefängnis bis zu drei Jahren bestraft.

2. Sind infolge der in Abs. 1 genannten Handlung schwere Folgen entstanden oder ist die Handlung in Bereitschafts-, Mobil- oder Kriegszustand begangen worden,

so wird der Täter mit strengem Gefängnis bis zu zehn Jahren bestraft.

**Angriff auf eine diensttuende Militärperson**

Artikel 331

1. Wer sich an einer Militärperson, die ihren Dienst verrichtet, vergreift,

wird mit Gefängnis bis zu einem Jahre bestraft.

2. Wurde bei Begehung der in Abs. 1 genannten Handlung die Militärperson am Körper leicht verletzt,

so wird der Täter mit Gefängnis bestraft.

3. Wurde bei Begehung der in Abs. 1 genannten Handlung die Militärperson am Körper schwer verletzt oder getötet,

so wird der Täter mit strengem Gefängnis nicht unter einem Jahre oder mit dem Tode bestraft.

## Mildere Bestrafung wegen der in den Artikeln 327 bis 331 genannten Handlungen

Artikel 332

Wurde der Täter der in den Art. 327, 328 Abs. 1, 329, 330 und 331 dieses Gesetzbuches genannten Handlungen durch gesetzwidriges oder rohes Verhalten der Militärperson herausfordert,

so kann er milder bestraft werden, das Gericht kann auch von Bestrafung absehen.

## Mißhandlung eines Untergebenen oder Niedereren

Artikel 333

Ein militärischer Vorgesetzter, der einen Untergebenen oder Niedereren mißhandelt oder ihn auf eine die Menschenwürde kränkende Art behandelt,

wird mit Gefängnis nicht unter drei Monaten oder mit strengem Gefängnis bis zu fünf Jahren bestraft.

## Verletzung des Wach-, Patrouillen-, Eskorte- oder eines anderen ähnlichen Dienstes

Artikel 334

1. Eine Militärperson, die den Vorschriften über den Wachdienst, Patrouillendienst, Eskortedienst, den Dienstvorschriften eines Taghabenden oder anderen ähnlichen Dienstvorschriften zuwiderhandelt,

wird mit Gefängnis bis zu zwei Jahren bestraft.

2. Wurde die in Abs. 1 genannte Handlung in einem Depot für Waffen, Munition, Sprengstoffen oder bei anderen bedeutsamen Objekten begangen,

so wird der Täter mit Gefängnis nicht unter drei Monaten bestraft.

3. Sind durch die, in Abs. 1 und 2 genannte Handlung schwere Folgen entstanden,

so wird der Täter mit strengem Gefängnis nicht unter zwei Jahren bestraft.

## Verletzung der Bewachung der Staatsgrenze

Artikel 335

1. Eine Militärperson, die in Ausübung des Grenzdienstes den Vorschriften über den Grenzwachdienst zuwiderhandelt,

wird mit strengem Gefängnis bis zu fünf Jahren bestraft.

2. Sind durch die, in Abs. 1 genannte Handlung schwere Folgen entstanden,

so wird der Täter mit strengem Gefängnis bestraft.

## Unwahre Rapporte und Meldungen

Artikel 336

1. Eine Militärperson, die in Ausübung des Grenzdienstes einen Rapport oder eine Meldung unwahren Inhaltes erstattet, oder im Rapport oder in der Meldung eine wahre Tatsache verschweigt, die sie nicht verschweigen dürfte,

wird mit Gefängnis bis zu zwei Jahren bestraft.

2. Sind durch die, in Abs. 1 genannte Handlung schwere Folgen entstanden,

so wird der Täter mit strengem Gefängnis bis zu zehn Jahren bestraft.

## Unterlassen von Vorkehrungen zur Sicherung einer Truppe

Artikel 337

1. Ein militärischer Vorgesetzter, der zur Sicherung des Lebens und der Gesundheit der ihm anvertrauten Menschen und Tiere, zur Sicherung und ordnungsmäßigen Erhaltung von Objekten, Gegenständen und Mitteln, die der Kriegsschlagfertigkeit dienen, zur ordnungsmäßigen Verpflegung der ihm anvertrauten Truppe mit Verpflegung, Ausstattung oder Material, zur rechtzeitigen und ordnungsmäßigen Ausführung von Sicherungsarbeiten oder zur Sicherung der ihm anvertrauten Objekte nicht die erforderlichen Vorkehrungen trifft,

wird mit Gefängnis bis zu zwei Jahren bestraft.

2. Sind durch die, in Abs. 1 genannte Handlung schwere Folgen entstanden,

so wird der Täter mit strengem Gefängnis bis zu zehn Jahren bestraft.

3. Sind die in Abs. 1 und 2 genannten Handlungen aus Fahrlässigkeit begangen,

so wird der Täter im Falle des Abs. 1 mit Gefängnis bis zu sechs Monaten, im Falle des Abs. 2 mit Gefängnis nicht unter sechs Monaten bestraft.

## Unterlassen von Sicherheitsvorkehrungen bei Waffenübungen

Artikel 338

1. Eine Militärperson oder eine im Dienste der bewaffneten Macht stehende Person, die bei einer Übung oder Vornahme eines Versuches keine erforderlichen Sicherheits- oder Vorsichtsmaßnahmen trifft, wird, wenn dadurch jemand verletzt oder ein erheblicher Vermögensschaden verursacht worden ist,

mit Gefängnis bis zu zwei Jahren bestraft.

2. Ist durch die in Abs. 1 genannte Handlung jemand schwer verletzt oder getötet worden oder ein Vermögensschaden in großem Umfange entstanden,

so wird der Täter mit strengem Gefängnis bis zu zehn Jahren bestraft.

## Nichtbefolgen eines Einberufungsbefehles. Sich dem Militärdienste entziehen

Artikel 339

1. Wer sich zur Rekrutierung, zum Abdienen der pflichtigen Militärdienstzeit, zu einer Waffenübung oder zu einem anderen Militärdienst zur festgesetzten Zeit ohne gerechtfertigten Grund nicht einfindet, obgleich er durch eine Einzeleinberufung oder durch öffentliche Kundmachung einberufen worden ist,

wird mit Gefängnis bis zu einem Jahre bestraft.

2. Wer ins Ausland flüchtet oder sich versteckt hält, um sich der Rekrutierung, dem Abdienen der pflichtigen Militärdienstzeit, einer Waffenübung oder einem anderen Militärdienste zu entziehen,

wird mit strengem Gefängnis bis zu acht Jahren bestraft.

3. Wer mehrere Personen zur Begehung einer in Abs. 1 und 2 genannten Handlung verleitet,

wird mit strengem Gefängnis von drei bis zu zehn Jahren bestraft.

4. Sind die in Abs. 1 und 2 genannten Handlungen im Bereitschafts-, Mobil- oder Kriegszustand begangen,

so wird der Täter im Falle des Abs. 1 mit strengem Gefängnis bis zu fünf Jahren, im Falle der Abs. 2 und 3 mit strengem Gefängnis nicht unter drei Jahren oder mit dem Tode bestraft.

5. Der Täter der in Abs. 2 und 4 genannten Handlung, der sich den Militärorganen freiwillig stellt, kann milder bestraft werden.

## Vereitelung des Militärdienstes durch Untauglichmachen oder Täuschung

Artikel 340

1. Wer in der Absicht, sich dem Militärdienst zu entziehen oder einem leichteren Dienst zugeteilt zu werden, sich selbst verstümmelt oder auf andere Art dauernd oder zeitweilig untauglich macht, oder sich durch einen anderen dauernd oder zeitweilig untauglich machen läßt, sowie derjenige, der einen anderen mit dessen Einwilligung oder ohne dessen Einwilligung in derselben Absicht verstümmelt oder auf andere Art untauglich macht,

wird mit strengem Gefängnis bis zu zehn Jahren bestraft.

2. Wer in derselben Absicht eine falsche Urkunde verwendet, Krankheit vorschützt oder sich einer anderen Täuschung bedient,

wird mit Gefängnis oder strengem Gefängnis bis zu fünf Jahren bestraft.

3. Ist die in Abs. 1 und 2 genannte Handlung im Bereitschafts-, Mobil- oder Kriegszustande begangen,

so wird der Täter mit strengem Gefängnis nicht unter zwei Jahren oder mit dem Tode bestraft.

### Gesetzwidrige Befreiung vom Heeresdienste

Artikel 341

1. Wer durch Mißbrauch seiner Stellung oder Befugnis bewirkt, daß eine Militärperson oder ein Militärdienstpflichtiger von der Dienstpflicht befreit oder einem leichteren Dienst zugeteilt wird,

wird mit Gefängnis nicht unter sechs Monaten oder mit strengem Gefängnis bis zu zehn Jahren bestraft.

2. Ist die in Abs. 1 genannte Handlung aus Eigennutz oder im Bereitschafts-, Mobil- oder Kriegszustand begangen,

so wird der Täter mit strengem Gefängnis bestraft.

### Eigenmächtige Entfernung und Fahnenflucht

Artikel 342

1. Eine Militärperson, die ihre Truppe oder ihren Dienst eigenmächtig verläßt oder vom bewilligten Aufenthalte außerhalb der Truppe oder des Dienstes binnen der festgesetzten Frist in ihren Dienst nicht zurückkehrt,

wird mit Gefängnis bis zu einem Jahre bestraft.

2. Entweicht die im Abs. 1 genannte Militärperson ins Ausland oder hält sie sich versteckt, um sich dem Heeresdienste zu entziehen,

so wird sie mit strengem Gefängnis bis zu zwölf Jahren bestraft.

3. Wer Militärpersonen zur Begehung der in Abs. 2 genannten Handlung verleitet,

wird mit strengem Gefängnis bestraft.

4. Sind die in Abs. 1 bis 3 genannten Handlungen im Bereitschafts-, Mobil- oder Kriegszustande begangen,

so wird der Täter im Falle des Abs. 1 mit strengem Gefängnis bis zu zehn Jahren, im Falle der Abs. 2 und 3 mit strengem Gefängnis nicht unter drei Jahren oder mit dem Tode bestraft.

5. Der Militärflüchtling, der sich dem Militärorgan freiwillig stellt, kann milder bestraft werden.

### Ausbleiben bei der Beschreibung und Musterung

Artikel 343

1. Wer sich der Beschreibung oder Musterung der Bevölkerung oder der Beschreibung oder der Beschau von Vieh, von Beförderungsmitteln oder Traggeräten, Bauten und anderen für die bewaffnete Macht erforderlichen Objekten ohne gerechtfertigte Gründe entzieht oder widersetzt, oder bei einer derartigen Beschreibung oder Musterung ungenaue Erklärungen oder Angaben macht,

wird mit Geldstrafe oder mit Gefängnis bis zu zwei Jahren bestraft.

2. Wurde die in Abs. 2 genannte Handlung im Bereitschafts-, Mobil- oder Kriegszustande begangen,

so wird der Täter mit strengem Gefängnis bis zu fünf Jahren bestraft.

**Nichtbeistellung von Vieh und Fuhrwerk**

Artikel 344

1. Wer entgegen der gesetzlichen Verpflichtung Vieh, Fuhrwerke oder andere Beförderungsmittel oder Traggeräte für Übungen, Manöver oder andere militärische Dienste ohne gerechtfertigte Gründe nicht beistellt,

wird mit Geldstrafe oder mit Gefängnis bis zu zwei Jahren bestraft.

2. Wurde die in Abs. 1 genannte Handlung im Bereitschafts-, Mobil- oder Kriegszustande begangen,

so wird der Täter mit strengem Gefängnis bis zu fünf Jahren bestraft.

**Ungewissenhaftes Herstellen und Übernehmen von Kriegsmaterial**

Artikel 345

1. Eine Militärperson oder eine im Dienste der bewaffneten Macht stehende Person, die den ihr anvertrauten Dienst ungewissenhaft versieht, wird, wenn dadurch Waffen, Munition, Sprengstoffe oder anderes Kriegsgerät nicht rechtzeitig fertiggestellt wurde oder der festgesetzten Qualität nicht entspricht,

mit Gefängnis oder strengem Gefängnis bis zu fünf Jahren bestraft.

2. Mit derselben Strafe wird eine Militärperson oder eine im Dienste der bewaffneten Macht stehende Person bestraft, die in ungewissenhafter Diensterfüllung Gegenstände der Verpflegung, Ausstattung oder Bewaffnung des Heeres übernimmt oder übergibt, die den vorgeschriebenen Bedingungen oder dem Vertrage nicht entsprechen.

3. Sind durch die in Abs. 1 und 2 genannten Handlungen schwere Folgen entstanden,

so wird der Täter mit strengem Gefängnis bestraft.

4. Sind die in Abs. 1 bis 3 genannten Handlungen aus Fahrlässigkeit begangen worden,

so wird der Täter im Falle der Abs. 1 und 2 mit Gefängnis bis zu drei Jahren, im Falle des Abs. 3 mit Gefängnis oder mit strengem Gefängnis bis zu fünf Jahren bestraft.

**Vorschriftwidriges und unvorsichtiges Verhalten mit anvertrauten Waffen, Munition und Sprengstoffen**

Artikel 346

1. Eine Militärperson, welche die ihr anvertrauten Waffen, Munition oder Sprengstoffe unvorschriftsmäßig oder unvorsichtig

verwahrt, sichert oder handhabt und dadurch eine Beschädigung derselben in größerem Ausmaße, ihre Vernichtung oder ihren Verlust verursacht,

wird mit Gefängnis bis zu zwei Jahren bestraft.

2. Mit derselben Strafe wird ein Mitglied einer Organisation bestraft, das das Recht zum Besitz und Tragen von Waffen genießt, wenn es eine in Abs. 1 genannte Handlung begeht.

3. Der Verwalter eines Depots für Waffen, Munition, Sprengstoffe oder anderes Kriegsgerät, der für ihre Sicherung keine Vorkehrungen trifft, wird, wenn diese dadurch beschädigt oder vernichtet werden oder in Verlust geraten,

mit Gefängnis oder strengem Gefängnis bis zu zehn Jahren bestraft.

4. Wurde die in Abs. 3 genannte Handlung aus Fahrlässigkeit begangen,

so wird der Täter mit Gefängnis bis zu zwei Jahren bestraft.

5. Ist durch die in Abs. 3 und 4 genannte Handlung ein Vermögensschaden in größerem Umfange entstanden,

so wird der Täter im Falle des Abs. 3 mit strengem Gefängnis, im Falle des Abs. 4 mit Gefängnis nicht unter drei Monaten oder mit strengem Gefängnis bis zu fünf Jahren bestraft.

### Gesetzwidriges Verfügen über anvertraute Waffen

Artikel 347

Eine Militärperson, die Waffen, Munition oder andere Ausrüstungsgegenstände, die ihr zum Gebrauch übergeben sind, sich aneignet, veräußert, verpfändet, jemanden zur Benützung übergibt, beschädigt oder vernichtet,

wird mit Gefängnis oder strengem Gefängnis bis zu fünf Jahren bestraft.

### Verrat eines Militärgeheimnisses

Artikel 348

1. Wer einem Unberufenen vertrauliche Dokumente oder Daten, die ihrer Natur nach ein Militärgeheimnis bilden, übergibt, oder mitteilt,

wird mit Gefängnis nicht unter sechs Monaten bestraft.

2. Betrifft die in Abs. 1 genannte Handlung besonders verwahrte Dokumente oder Daten, oder wurde sie von einer Person begangen, die in die vertraulichen Dokumente oder Daten besonders eingeweiht oder zu ihrer Verwahrung bestimmt war,

so wird der Täter mit strengem Gefängnis bis zu zehn Jahren bestraft.

3. Wurde die in Abs. 2 genannte Handlung im Bereitschafts-, Mobil- oder Kriegszustand begangen oder sind schwere Folgen entstanden oder konnten solche entstehen,

so wird der Täter mit strengem Gefängnis nicht unter drei Jahren oder mit dem Tode bestraft.

4. Wurden die in Abs. 1 bis 3 genanten Handlungen aus Fahrlässigkeit begangen,

so wird der Täter im Falle des Abs. 1 mit Gefängnis bis zu einem Jahr, im Falle des Abs. 2 mit Gefängnis, im Falle des Abs. 3 mit strengem Gefängnis bis zu zehn Jahren bestraft.

### Unbefugter Eintritt in militärische Anlagen. Anfertigen von Skizzen oder Zeichnungen militärischer Anlagen und Gerätschaften

Artikel 349

1. Wer in eine militärische Anlage unbefugt eintritt, obgleich er weiß, daß der Zutritt verboten ist,

wird mit Gefängnis bis zu sechs Monaten bestraft.

2. Wer Skizzen oder Zeichnungen militärischer Anlagen oder Gerätschaften unbefugt anfertigt oder sie photografiert,

wird mit Gefängnis bis zu drei Jahren bestraft.

### Überlaufen zum Feinde

Artikel 350

Eine Militärperson, die in Kriegszeiten zum Feind überläuft oder sich dem Feinde ergibt,

wird mit strengem Gefängnis nicht unter fünf Jahren oder mit dem Tode bestraft.

### Weigerung, Waffen im Kriege entgegenzunehmen und zu gebrauchen

Artikel 351

Wer sich zur Zeit eines Krieges oder einer Mobilisation weigert, Waffen entgegenzunehmen oder sie gegen den Feind zu gebrauchen, obgleich er zur Entgegennahme von Waffen verpflichtet ist,

wird mit strengem Gefängnis nicht unter drei Jahren oder mit dem Tode bestraft.

### Nichterfüllung der Pflicht während eines Gefechtes

Artikel 352

1. Eine Militärperson oder eine im Dienste der bewaffneten Macht stehende Person, die während eines Gefechtes oder unmittelbar vor dem Gefechte ihre Pflicht nicht erfüllt, wird, wenn dadurch für die Truppe oder für die Gefechtslage schädliche Folgen entstanden sind,

mit strengem Gefängnis bestraft.

2. Sind durch die in Abs. 1 genannte Handlung schwere Folgen entstanden,

so wird der Täter mit strengem Gefängnis nicht unter zwei Jahren oder mit dem Tode bestraft.

## Eigenmächtige Pflichtentziehung während eines Gefechtes

Artikel 353

Eine Militärperson, die sich während eines Gefechtes oder unmittelbar vor dem Gefechte eigenmächtig oder auf listige Art ihrer Pflicht entzieht,

wird mit strengem Gefängnis nicht unter drei Jahren oder mit dem Tode bestraft.

## Befehlswidriges Verlassen einer Stellung

Artikel 354

Ein militärischer Vorgesetzter, der gegen einen Befehl seine Stellung mit der ihm anvertrauten Truppe verläßt, bevor er alle Möglichkeiten der Verteidigung erschöpft hat,

wird mit strengem Gefängnis bestraft.

## Vorzeitiges Verlassen eines beschädigten Schiffes oder Luftfahrzeuges

Artikel 355

1. Der Befehlshaber eines Kriegsschiffes, der das sinkende Schiff verläßt, ehe er seine Pflicht voll erfüllt hat, sowie die Mitglieder der Besatzung, die ein solches Schiff verlassen, ehe der Befehlshaber den Befehl zum Verlassen gegeben hat,

werden mit strengem Gefängnis nicht unter drei Jahren oder mit dem Tode bestraft.

2. Das Mitglied einer Besatzung, welches ein beschädigtes Luftfahrzeug verläßt, ehe es seine Pflicht erfüllt hat,

wird mit strengem Gefängnis bis zu zehn Jahren bestraft.

## Übergabe unbeschädigten Kriegsgerätes an den Feind

Artikel 356

1. Eine Militärperson, die es zuläßt, daß ein wesentlich unbeschädigtes Militärmagazin, ein Schiff, Luftfahrzeug, Tank oder anderes Kriegsgerät oder Mittel dem Feinde in die Hände fällt,

wird mit strengem Gefängnis bis zu zehn Jahren bestraft.

2. Mit derselben Strafe wird bestraft, wer entgegen einem Befehl es zuläßt, daß wesentlich unbeschädigte Vorrichtungen oder andere für die Volksverteidigung wichtige Anlagen dem Feinde in die Hände fallen.

3. Sind die in Abs. 1 und 2 genannten Handlungen aus Fahrlässigkeit begangen,

so wird der Täter mit Gefängnis nicht unter einem Monat oder mit strengem Gefängnis bis zu fünf Jahren bestraft.

## Schwächung der Gefechtsmoral und Schädigung der Gefechtssituation

Artikel 357

1. Eine Militärperson, die während eines Gefechtes oder unmittelbar vor dem Gefecht durch Flucht, Fortwerfen von Waffen oder Munition, durch Verbreitung von Furcht, durch Stiftung von Unordnung oder Verwirrung oder auf andere Art die Gefechtsmoral der Truppe schwächt oder der Gefechtssituation Schaden verursacht,

wird mit strengem Gefängnis nicht unter drei Jahren oder mit dem Tode bestraft.

2. Ein militärischer Vorgesetzter, der gegen einen Untergebenen oder Niedereren, der während eines Gefechtes oder unmittelbar vor dem Gefecht unter den Soldaten Furcht verbreitet, bei der Truppe Unordnung oder Verwirrung stiftet, auf andere Art die Gefechtsmoral der Truppe schwächt oder der Gefechtssituation Schaden zufügt, keine erforderlichen Maßnahmen unternimmt,

wird mit strengem Gefängnis bis zu zehn Jahren bestraft.

3. Sind durch die in Abs. 2 genannte Handlung schwere Folgen entstanden,

so wird der Täter mit strengem Gefängnis nicht unter drei Jahren oder mit dem Tode bestraft.

## Unterlassung der Truppensicherung

Artikel 358

1. Ein militärischer Vorgesetzter, der zu Kriegszeiten die Sicherung seiner Truppe aus Fahrlässigkeit unterläßt, wird, wenn dadurch für diese schädliche Folgen entstanden sind,

mit strengem Gefängnis bis zu zwölf Jahren bestraft.

2. Handelte der militärische Vorgesetzte dabei aus gröbster Fahrlässigkeit und sind dadurch für die Truppe besonders schwere Folgen entstanden,

so wird er mit strengem Gefängnis nicht unter drei Jahren oder mit dem Tode bestraft.

## Unterlassen der Benachrichtigung der Militärorgane im Kriege

Artikel 359

1. Wer zur Zeit eines Krieges oder Mobilisierung den Vorgesetzten, Höheren oder das Militärkommando von einem Ereignis, das offenbar unaufschiebbare militärische Maßnahmen erfordert, nicht in Kenntnis setzt,

wird mit Gefängnis nicht unter sechs Monaten bestraft.

2. Sind durch die in Abs. 1 genannte Handlung schwere Folgen entstanden,

so wird der Täter mit strengem Gefängnis bis zu zehn Jahren bestraft.

### Unterlassen der Pflichterfüllung bei der Durchführung einer Mobilisierung

Artikel 360

1. Eine Militärperson oder Amtsperson, die bei der Durchführung einer Mobilisierung im Mobil- oder Kriegszustand pflichtwidrig und trotz vorhandener Möglichkeit für die Übernahme, Zuteilung und Unterkunft der mobilisierten Menschen, Tiere, Transportmittel und anderer Mittel oder für die Verpflegung der mobilisierten Menschen und Tiere nicht Sorge trägt, oder in bezug auf die Mobilisierung eine andere Pflicht nicht erfüllt, wird, wenn dadurch schädliche Folgen entstanden sind oder entstehen konnten,

mit strengem Gefängnis bis zu fünf Jahren bestraft.

2. Sind durch die in Abs. 1 genannte Handlung schwere Folgen entstanden,

so wird der Täter mit strengem Gefängnis nicht unter einem Jahre oder mit dem Tode bestraft.

### Gesetzwidrige Wegnahme von Sachen Gefallener und Verwundeter auf dem Kampfplatz

Artikel 361

1. Wer eine gesetzwidrige Wegnahme von Sachen Gefallener oder Verwundeter auf dem Kampfplatze anordnet oder selbst durchführt,

wird mit Gefängnis bestraft.

2. Ist die in Abs. 1 genannte Handlung auf grausame Art begangen,

so wird der Täter mit strengem Gefängnis bis zu zehn Jahren bestraft.

### Verantwortlichkeit für eine auf Befehl eines Vorgesetzten begangene strafbare Handlung

Artikel 362

Keiner Bestrafung unterliegt ein Untergebener, der eine strafbare Handlung auf Befehl eines Vorgesetzten begeht, wenn der Befehl sich auf eine Dienstpflicht bezieht, außer wenn derselbe auf Begehung eines Kriegsverbrechens oder einer anderen schweren strafbaren Handlung gerichtet war, oder wenn der Untergebene gewußt hat, daß er durch die Befolgung eines derartigen Befehles eine strafbare Handlung begehe.

U Nr. 332.

Beograd am 2. März 1951.

Das Präsidium der Norodna Skupština[1]).

Der Sekretär:
Mile Perunčič

Der Vorsitzende:
Dr. Ivan Ribar

---

[1]) Siehe Anmerkung 1 zu Beginn des Gesetzestextes.

MIX
Papier | Fördert gute Waldnutzung
FSC® C083411

Kolibri 360 GmbH
Ferdinand-Jühlke-Straße 7
99095 Erfurt, Deutschland
produktsicherheit@kolibri360.de